Félix Lope de Vega y Carpio

La devoción del rosario

Barcelona **2024**
Linkgua-ediciones.com

Créditos

Título original: La devoción del rosario.

© 2024, Red ediciones S.L.

e-mail: info@red-ediciones.com

Diseño de cubierta: Michel Mallard.

ISBN rústica: 978-84-9816-188-5.
ISBN ebook: 978-84-9897-719-6.

Sumario

Brevísima presentación

La vida

Félix Lope de Vega y Carpio (Madrid, 1562-Madrid, 1635). España.

Nació en una familia modesta, estudió con los jesuitas y no terminó la universidad en Alcalá de Henares, parece que por asuntos amorosos. Tras su ruptura con Elena Osorio (Filis en sus poemas), su gran amor de juventud, Lope escribió libelos contra la familia de ésta. Por ello fue procesado y desterrado en 1588, año en que se casó con Isabel de Urbina (Belisa).

Pasó los dos primeros años en Valencia, y luego en Alba de Tormes, al servicio del duque de Alba. En 1594, tras fallecer su esposa y su hija, fue perdonado y volvió a Madrid.

Entonces era uno de los autores más populares y aclamados de la Corte. La desgracia marcó sus últimos años: Marta de Nevares una de sus últimas amantes quedó ciega en 1625, perdió la razón y murió en 1632. También murió su hijo Lope Félix. La soledad, el sufrimiento, la enfermedad, o los problemas económicos no le impidieron escribir.

Personajes

Aja, mora
Alberto, cautivo
Alesio, cautivo
Antonio
Archima Amet
Beceba, alcaide moro
Camilo, pasajero
Celimo, moro
Cosme
El Auxilio Divino
El rey de Túnez
Filipo, soldado
Fray Antonino, prior
Lucifer
Marcela, cautiva
Nicolo, cautivo
Pedro Germán, monje. Una figura de papa con capa y tiara
Rosa, mora
Rosio, soldado
Satanás
Sultán
Un Ángel
Un Capitán
Un Mercader
Vivaldo, cautivo

Jornada primera

(Sale Pedro Germán, monje, solo.)

Pedro Germán   ¡Dios sin principio y sin fin,
cuyos soberanos pies
pisa el mayor serafín!
¡Dios uno y Personas tres,
que entender quiso Agustín,
y en el ejemplo del mar,
que el niño encerrar quería
en tan pequeño lugar,
vio que ninguno podía
tan gran piélago aplacar!
¡Dios, de quien solo creer
es más justa reverencia
que no intentaros ver,
cuál impulso, qué violencia
aquí me pudo traer!
Señor, en mi celda estuve:
¿cómo me traéis aquí?
Mas... ¿qué prometida nube
de oro y Sol se acerca así
que sobre mis hombros sube?
Como si en una linterna
su cuerpo el Sol se encerrara,
le alumbra la luz interna
y la superficie clara,
bañada en su lumbre eterna;
juntos caminan los dos
al monte de vuestro cielo.
¿Qué es esto, divino Dios?
O es que Vos bajáis al suelo
o sube algún santo a Vos.

(Suspéndese el monje, y con música sube por una canal una figura de papa, con capa y tiara.)

> ¡Válgame el cielo!, podré
> decir por este varón
> que por las nubes se ve:
> ¿Quién es éste, que de Edón
> sube, puesto que no fue
> con vestidura vestida?
> Sí, que es el alba ceñida,
> y la capa y la tiara
> vencen del Sol la luz clara
> por el oriente esparcida.
> ¿Quién serás, confesor santo,
> con ese precioso manto,
> tú que por corona tienes
> tres esferas en las sienes
> que tus canas honran tanto?
> Tu luz apenas resisto;
> más bien muestras, verde cedro,
> ya sobre el Líbano visto,
> que eres sucesor de Pedro,
> aquel Vicario de Cristo.

(Tocan cajas destempladas; sale un Capitán y cuatro soldados, que son Vivaldo, Nicolo, Alesio y Antonio, con cruces en los pechos.)

Capitán   Ya no hay que hacer aquí; cubrid de luto
             las cajas, las trompetas y las armas.
             El general murió; cesó la guerra.

Vivaldo   Desdicha general de Italia ha sido,
             de España y Francia y las naciones todas

que del nombre católico se precian.

Nicolo   Descanse el fiero turco, crezca el número
de mamelucos y de zapas fieros;
discurra el mar de Ebrón, ya con sus naves,
pues faltó ya quien le pusiese freno.

Vivaldo   Ya el otomano, casa prodigiosa,
su nombre ensalce y su corona aumente.

Antonio   Duerme en Constantinopla, turco fiero,
del acero católico seguro,
pues el nuevo Godofre parte al cielo.

Pedro Germán   Soldados generosos, caballeros
ilustres, que mostráis en la cruz roja
serlo de Cristo, ¿dónde vais tan tristes?
¿Quién es el capitán que lloráis muerto?

Capitán   El muerto general que nos preguntas,
que, como en soledad estás, lo ignoras,
es el Sumo Pontífice, el gran Pío.
Pío segundo es muerto, y el primero,
que, después de las armas celestiales,
con las humanas quiso echar del mundo
el fiero turco, destrucción de Hungría,
llevósele la muerte; el pastor muerto,
las ovejas se esparcen.

Pedro Germán   ¡Triste caso,
aunque para el bendito Padre alegre,
pues ya sus obras y deseo santo
el ciclo premia con laurel eterno!

11

Vivaldo	Bendícenos y ruega por nosotros.
Pedro Germán	El cielo os dé su bendición.

(Vase.)

Capitán   Vivaldo,
aquí no hay más que hacer, que ya de Ancona
quieren sacar el cuerpo.

Vivaldo   Yo querría
acompañarle.

Capitán   Vamos.

Alesio   Pues concede
tantas gracias el cielo a quien a Roma
llegare con el cuerpo, ¿qué soldado
dejará de ganarlas? ¡Cuerpo santo,
a vuestro lado iré deshecho en llanto!

(Vanse; quedan solos Antonio y Nicolo.)

Nicolo   ¿De qué tan suspenso estás,
Antonio, en esta ocasión?

Antonio   De que mi buena intención
llegó hasta serlo, y no más.
Mi estudio dejado había
por las armas de la fe,
que en naciendo profesé,
que es ciencia que a Dios me guía.
El Pontífice supremo,
como sabes, me había dado

12

de esta facultad el grado,
para el alma honor extremo.
Porque de esta borla roja,
cruz santa que traigo al pecho,
fue de aquel gran sabio hecho
que los infiernos despoja.
Llegamos todos a Ancona,
muere el santo general,
que en mejor carro triunfal
divino laurel corona,
y vuelvo con tal tristeza
de ver que me he de quitar
la cruz sin pasar el mar
que con tanta fortaleza
mártir pensaba yo ser
a manos del turco fiero,
que temo como primero
a mi estudio no volver.
Porque si otra vez el mundo
me vuelve a su confusión,
¿qué más cierta perdición
que entrar en su mar profundo?

Nicolo   Todos habemos venido
a ser de Cristo soldados,
por ver, de tantos llamados,
quién llega a ser escogido;
pero pues la santa empresa
que hacía contra el impío
turco el Pontífice Pío
aquí con su muerte cesa
y no hay príncipe cristiano
que la quiera proseguir,
con su cuerpo quiero ir

ansí, Antonio, porque gano
tan grandes indulgencias
como por tener que hacer
en Roma.

Antonio   No puede ser,
por algunas diferencias
que traigo conmigo en mí
en materia de mi Estado,
acompañarte, que he dado
en lo que nunca creí.
Vete, Nicolo, en buen hora.

Nicolo   Prospere tu vida el cielo,

(Vase.)

Antonio   ¡Adiós, peligros del suelo,
bien que el cielo vulgo adora!
¡Adiós, locas pretensiones!
¡Adiós, esperanzas vanas,
pues no os desengañan canas
ni os obligan sinrazones!
¡Adiós, servir y no ver
para siempre el galardón!
¡Adiós, hermosa opinión,
vanaglorioso placer!
¡Adiós, amistad fingida!
¡Adiós, verdad despreciada,
que quiero en breve jornada
poner en salvo mi vida!
Servir a Dios es seguro;
todo lo demás, dudoso.

(Sale Cosme, camarada de Antonio, soldado roto con cruz al pecho.)

Cosme   ¡Adiós, celada! ¡Adiós, coso!
         ¡Adiós, berberisco moro!
         ¡Adiós, morillos, pues ya
         Murió Pío y yo quedé
         de defensor de la fe.

Antonio   ¡Cosme!

Cosme   Cóseme tú a mí,
         que tú harto cosido estás.
         ¡Ah, guerra de Satanás,
         medrado vuelvo de ti!
         De donde pensé sacar
         fama eterna y un tesoro,
         dándome el alarbe moro
         ocasión de pelear,
         Pío, por estarse holgando,
         allá en el ciclo se fue
         a descansar; yo quedé,
         pollo aterido, piando.

Antonio   Cosme, criado y amigo
         de aqueste Antonio, que ya
         huyendo del mundo va
         como de un grande enemigo.
         Pues ya la santa jornada
         que hacía el segundo Pío
         contra el turco poderío
         para que dio la cruzada,
         cuya divina señal
         nuestros pechos ilustraba,
         se acabó por lo que acaba

todo aquello que es mortal,
yo no pienso dar la vuelta
a la patria sin vencer
otro enemigo.

Cosme   Si el ver
que tu voluntad resuelta
quiere la guerra seguir
no me pone inclinación,
¿bajos mis intentos son?
¿No te merezco servir?
¿Tan mal camarada he sido?
¿No te he dado en las posadas
las gallinas encerradas,
el cabritillo escondido?
¿Qué Pollo se me escapó,
como yo de ojo le viese,
que a tu plato no trujese?
¿Quién te sirvió, como yo?
Y como tú te inclinaras,
¿quedar hermosa doncella
que no durmieras con ella?

Antonio   Calla, Cosme. ¿No reparas
que de aquesas sinrazones,
hechas contra voluntad,
de sus sueños se ha de dar
cuenta? En confusión me pones.

Cosme   ¿Ya predicas? ¡Pesía a tal!
Vamos y el pesar destierra.

Antonio   No, Cosme; no es esta guerra
la que tú piensas.

Cosme	Pues ¿cuál?
Antonio	Es contra el mundo.
Cosme	Que sea contra mil mundos.
Antonio	Tu celo conozco; pero es el cielo por lo que aquí se pelea.
Cosme	¿El cielo?
Antonio	Sí, que dél son el mundo, carne y demonio contrarios.
Cosme	Sospecho, Antonio, que tratas de religión. Mas dime claro tu intento. Tu hechura soy, ¿qué reparas?
Antonio	Pues el tuyo me declaras, escucha mi pensamiento. El ilustre y noble Cosme de Médicis, que a Florencia dio el más rico ciudadano que las historias celebran; aquel de quien pronostican todos los hombres de letras que dél han de suceder pontífices a la Iglesia, reyes en Francia y España;

aquel que en virtud y hacienda
sobrepujó a cuantos hombres
sin título el mundo cuenta;
aquel que cuando murió
Pedro, que su hacienda hereda,
mirando la que tenía,
halló en sus libros de cuenta
que ningún hombre, alto o bajo,
de cuantos hay en Florencia
le dejaba de deber
dineros, que fue grandeza
que de ninguno se escribe;
entre muchas excelencias,
tuvo la mayor de todas,
que fue conocer la deuda
en que estaba a Dios, y así
propuso satisfacerla,
porque solía decir,
lleno de risa y modestia:
«Aunque más a Dios le pago,
cuando a las cuentas se llega,
hallo que siempre me alcanza,
siempre quiere que le deba.»
En los montes Pesulanos,
por ser tan propias las peñas
de aquel santo que solía
buscar el cielo por ellas,
aquel jerónimo insigne
que, por ser tan dura puerta
del alma el pecho de un hombre,
llamó en él con una piedra,
edificó un monasterio,
y no lejos dél y entre ellas
otro que llama abadía,

cuyo dueño el nombre muestra
al seráfico Francisco,
hombre que desde la tierra
por cinco escalas de sangre
se le entró a Dios por las venas.
Otro edificó notable,
pero dentro de Florencia;
uno a Santa Berdiana,
y al santo mártir de guerra
que hasta los huesos asados
sirvió de Cristo a la mesa,
hizo un templo suntuoso;
y sin éste, en cuatro iglesias,
las capillas y retablos,
y a todas dio tantas rentas,
posesiones, vasos de oro,
ornamentos, perlas, piedras,
que excedió al gran Constantino.
Pero entre tantas grandezas,
hizo a San Marcos un templo
y a Domingo le encomienda,
que con sus predicadores
quiso que en guarda le tengan.
Mira el ingenio de Cosme,
que, como Marco nos cuenta
el Evangelio y Domingo
nos lo predica y enseña
con la sangre de sus hijos
y con sus divinas letras,
como se ve en Pedro Mártir
y en tantos que le confiesan
junto a Marcos y a Domingo,
para que Domingo sea
el león con que le pintan

y esté libre, en su cabeza
hacen este monasterio
un prior que el mundo eleva
con la fama de su nombre
y de sus divinas prendas.
Este es el santo Antonino,
a quien dicen que ya ruegan
con tan rico arzobispado
como es su patria Provencia.
Confesóme el santo el día
que para tan santa guerra
tomé aquesta roja cruz,
y entre muchas excelencias
para bien del alma mía,
pienso que fue la primera
el santísimo rosario
de la siempre Virgen Reina
de los ángeles y cielos,
que es devoción que profesa
todo el Orden dominico;
que quien devoto le reza,
no dudes, Cosme, no dudes
que eternamente se pierda,
porque, al fin, le da la mano
esta celestial Princesa.
Yo, pues, he dado en rezarle;
y del santo hablar con ella
me ha nacido una afición
que hasta el alma me penetra.
Iba a la guerra del turco;
pero pues la guerra cesa,
contra el mundo, y el demonio,
y la carne quiero hacerla.
Domingo me dio las armas;

allá quiero entrar con ellas;
vestirme quiero las suyas.
Cosme amigo, adiós te queda,
que por dar cuenta mejor
de estas soberanas cuentas
quiero que Domingo santo
mi padre y padrino sea.

Cosme   ¿Ha tenido fin la historia?

Antonio   Sí, Cosme.

Cosme   Sin duda es buena
pues que yo no me he dormido
siendo tan larga tu arenga;
y aunque siento dejar mucho
el mundo por ciertas cuerdas
de amigos que, en vez de gorras,
ya hasta vamos a una mesa
y por otras zarandajas,
cabellos, cintas y prendas
que son regalos del alma,
memorias de mi gallega,
todo, Antonio, lo antepongo
a ti, y es justo me creas
que me debes este amor.
A la Religión me lleva,
donde seré motilón,
que no faltará una puerta,
la cocina o refectorio
o el cultivar una huerta,
que en estos oficios es
donde un religioso medra;
que yo de vista lo sé,

ya que no por experiencia.
Y si la huerta me entregan,
con mis lágrimas en ella,
sobre un bodigo y torrezno
plantaré rosas tan bellas
que si nacen entre espinas
podrá ser, y Dios lo quiera,
que en mi pecho humilde nazcan.

Antonio   Ahí, Cosme, el ciclo te enseña.
Dame mil veces tus brazos.

Cosme   Oye, Antonio, ¿es cosa cierta
que puedo mudarme el nombre?

Antonio   Sí, amigo; como tú quieras.

Cosme   Vamos; no he de ser más Cosme.

Antonio   Cuentas son tus rosas bellas.
¡Dios permita, quiera Dios,
Pues sois rojas y estáis negras,
que, teñidas con mi sangre,
cuentas de coral os vuelva!

(Vanse. Salen el rey de Túnez, Beceba, alcaide; Rosa, mora.)

Beceba   Engañóme tu privanza.

Rey   No te quejas con razón,
antes te doy confianza;
que niega la posesión
quien concede la esperanza.

Beceba	Cuando a Rosa, tu sobrina,
	hayas de dar, rey famoso,
	compañía igual, no es dina
	persona de tu espacioso
	reino, al extraño te inclina.
	Mas si en Túnez se ha de hallar,
	¿quién en la paz y en la guerra
	pueda al Beceba igualar?
	¿Quién te ha puesto en paz la tierra
	y asegurado la mar?
	¿Por quién tiemblan las galeras,
	las de Italia, que en las suyas
	toquen tiemblan tus banderas?
	¿Quién más cautivos te ha dado?
	¿Quién más servicios te ha hecho?
Rey	Yo me confieso obligado
	y bien estoy satisfecho,
	Beceba, de tu cuidado.
	Yo no te he negado a Rosa.
	No es negarla el dilatar
	de que ahora sea tu esposa.
Beceba	¿Qué más cansado negar
	que dilatar una cosa?
	¡Pluguiera a Alá que dijeras:
	«Beceba, Rosa ha de ser
	de otro dueño!», y tú me vieras
	justo sentimiento hacer,
	cubrir luto mis galeras.
	Lo que da tormento inmenso
	es ver que el bien no se niega,
	porque, como estoy suspenso,
	mientras que llega o no llega

peno más mientras más pienso.

Rosa   Envía, invicto señor,
al alcaide a alguna empresa
donde temple tanto amor,
que amor en ausencia cesa;
y así cesará el rigor,
que pues no le das razón
de la dilación del bien,
sentirá su dilación.

Beceba   Y ausente dura también
la verdadera afición.
¡Oh, qué medio has escogido
tan conforme a tu desdén,
tan semejante a tu olvido!
¿Eso dices?

Rey   Ahora bien,
que la obedezcas te pido.
Haz, Beceba, alguna cosa
para que obligues a Rosa.
Parte el mar de Italia; corre
la costa de España hermosa.
No dejes el paso libre,
ni leño que no se espante,
ni que a su sombra esté libre
de Cartagena a Alicante
y desde Denia al Colibre.
Enciende fuego en sus playas
y pase el mar de sus rayas
azotado de tus remos,
tocarán a sus extremos
los pies de sus atalayas.

Vuelve los aires oscuros,
tiemble la tierra en su centro
tanto, que los fuertes muros
se retiren más adentro
para estar de ti seguros,
que cuando vuelvas tendrás
esta prenda que deseas.

Beceba   Si estriba en eso no más,
yo juro Alá que tú veas
el hombre a quien hoy la das.
Guárdate, Italia, que baja
un rayo de Túnez fiero,
que con tan alta ventaja,
con piedras, fuego y acero
tus leños quebranta y raja.
Guárdate, España, que sube
de la exhalación del llanto
al Sol de Rosa la nube,
que ha de llover más espanto
que yo de sus ojos tuve.
Puertos en cerradas calas,
riberas, costas, recodos;
rayo soy de amor con alas:
llorad todos, temblad todos
mis suspiros y mis balas.
¡Hola, soldados! ¿Qué hacéis?
Cubrid mis seis galeotas
de flámulas; no dejéis
ni velas ni jarcias rotas
que no adornéis y enlacéis
de bengala de Lisboa.
Cubran con el nombre y loa
de amor que estas flechas fragua

desde el carel hasta el agua
y de la popa a la proa.
Vista roja tamarete
la chusma, que es necesaria
no se mire filarete
que no tenga luminaria
ni jarcia ni gallardete.
Izad el cañón que cubre
con sus jarcias la cureña
y, en viendo que se descubre
de Túnez o casa o peña
a quien la distancia cubre,
haced salva al rey y a Rosa;
Pero mejor es volviendo
de Italia rica a su hermosa...
... ...
Ea, herid a esos cristianos.
¿En qué os detenéis, villanos?,
que antes que pase este mes
habéis de estar a sus pies
y no besando sus manos.

(Vase.)

Rey   Gallardo parte.

Rosa   En efeto,
         ¿me prometes a Beceba?

Rey   Rosa, cierto amor secreto
             dilatarle intenta y prueba
             el bien que yo le prometo;
             pero esto ha sido no más
             que alejarle, bella Rosa,

del lugar adonde estás,
que hay otra afición forzosa
a quien remediar podrás.

Rosa   El valor de tu sobrina
me ha dado mil pretendientes.

Rey   No es la sangre la que inclina
por más que cubrir lo intentes,
sino esa beldad divina
de la cual esta persona
que yo te digo está presa.

Rosa   Si la beldad le aprisiona,
delito has hecho.

Rey   Confiesa;
Pero eso mismo le abona;
que si es delito querer
a quien se puede ofender
de ser un hombre ofendida,
la hermosura pretendida
le puede satisfacer.

Rosa   ¿Es hombre el que me pretende
que me merece?

Rey   Si quien
te pretende no te ofende,
ninguno el quererte bien
con más méritos emprende.

Rosa   Pues si iguala a mi valor
y es tu gusto, gran señor,

di quién es y sea mi esposo.

Rey   Luego, ¿soy tan venturoso?

Rosa   ¿Qué? ¿Tú me tienes amor?

Rey   ¿No me dio el cielo del alma
tres potencias, que en despojos
llevas para triunfo y palma?
¿No me dio, Rosa, estos ojos
que dejas mirando en calma?
¿No tengo yo entendimiento
que de tu rara beldad
alcance el conocimiento?
¿No tengo yo voluntad
con que lo que entiendo intento?
¿No podrán por mis oídos
entrar tus dulces razones,
espíritus encendidos
con que al alma fuego pones
por los más nobles sentidos?
¿Parécete que el quererte,
siendo tu sangre, no es cosa
más fácil, pues de esta suerte
quiero en ti mi sangre, Rosa,
que en una las dos convierte?
Sobre parentesco, amores;
bien es como guarnición
de oro en azul los favores;
deudas entre deudos son,
y más mientras son mayores.
Ves aquí la causa, Rosa,
por qué no quiero casarte.

Rosa	Si fuese, tío, justa cosa
	quererme bien por ser parte
	de tu sangre generosa,
	¿cómo yo no siento en mí
	quererte bien, digo bien,
	más que a rey y deudo a ti?
Rey	La costumbre del desdén
	te obliga a tratarme así.
	Míralo mejor.
Rosa	Señor,
	no dudes que te quisiera;
	mas fuera notable error,
	rey de Túnez, que pusiera
	en tu condición mi amor.
	Si fueras un rey cristiano
	que a mí sola me quisieras,
	que yo te quisiera es llano,
	porque estoy cierta que dieras
	solo a una mujer la mano.
	Mas siendo moro, ¿no ves
	que has de tener otras tres
	y más de tres mil amigas?
Rey	Yo me obligo, si te obligas,
	que sola en el alma estés.
	Yo seré en el casamiento
	cristiano, y en la ley, moro.
Rosa	Durará tu juramento
	mientras que seguro adoro
	tu gusto y tu pensamiento;
	mas después que amor siniestro

llegue al efecto que muestro,
serás moro en olvidarte
y cristiano en descasarte
por el parentesco nuestro.
Dame licencia.

Rey   Oye un poco.

Rosa   Perdona esta libertad,

Rey   A más amor me provoco.

Rosa   Déjeme tu majestad.

Rey   No puedo.

Rosa   ¡Suelta!

Rey   ¡Estoy loco!
                           ¡Oye a un rey!

Rosa   Su hechura soy.

Rey   ¡Oye a tu amante!

Rosa   No puedo.

Rey   ¡Oye a tu tío!

Rosa   Aquí estoy.

Rey   ¿Qué tienes?

Rosa   Respeto y miedo.

Perdóname si me voy.

(Vase.)

Rey
      ¿Qué es la causa que un hombre valeroso
      con la espada en la mano, altivo, fuerte,
      corta el cuello arrugado, rompe y vierte
      saliente humor del tronco sanguinoso;
      o discurre un ejército furioso,
      dando mil muertes sin temer la muerte,
      amando una mujer tiemble de suerte
      que le vence y derriba un rostro hermoso?
      ¿Cómo pedir el hombre, si concede
      el sueño y el sustento cada día
      sin que afligido y sin vergüenza quede,
      y cuando pide amor tiembla y porfía?
      Debe de ser que sin comer no puede
      pasar el hombre y sin amor podía.

(Entran fray Antonino, prior; Antonio, de fraile, y Cosme, de lego muy mesurado.)

Antonio
      Ya, santísimo Antonino,
      que este vuestro siervo Antonio
      para hacer guerra al demonio
      a vuestra milicia vino.
      Ya que de las quince rosas
      el dichoso cuello enlazo
      y me habéis puesto en el brazo
      dos armas tan poderosas
      como oración y lección
      y el hábito blanco y negro,
      de verme galán me alegro
      y serlo en el corazón

de aquella Reina del cielo
cuyas rosas son tan bellas,
que no hay corona de estrellas
que mire tan alta el suelo,
decidme, padre divino,
qué es lo que ahora mandáis.

Antonino

Hijo que a Sicilia vais,
puesto que es largo el camino,
y que estas cartas llevéis
para el prior de Mesina,
ciudad puesta en la marina,
de quien al punto sabréis
para lo que allá os envío.

Antonio

Fray Cosme está muy contento
con el hábito.

Cosme

        Yo siento
algo de hambre, padre mío.
Como, pues, ya nos han dicho
cuanto tenemos que hacer,
no se trata de comer,
¿tiene el comer entredicho?

Antonio

No le dé aquesto cuidado;
que quien a su cargo está,
en siendo hora llamará.

Cosme

Bien puede haberse olvidado,
que como el refitolero
come cuando tiene gana,
harásele de mañana.

Antonio	Calle, no sea tan grosero.
	Tenga, padre, sufrimiento;
	dadme esa mano bendita.

(Al prior.)

Antonino	Hijo, estos padres imita
	con humilde pensamiento;
	toma ejemplo de sus vidas
	y de sus santas acciones,
	y para que entre aflicciones
	el divino auxilio pidas,
	ningún día se te olvide
	pasar las rosas suaves
	de esas cuentas, de esas aves.
	Con ellas, Antonio, pide,
	que cuanto alcanzar quisieres,
	como esta Orden lo profesa,
	que alcanzará la Princesa
	bendita entre las mujeres.
	Nuestro santísimo padre
	Domingo fue de este voto,
	como galán, tan devoto
	de la siempre Virgen madre.
	Que la azucena que ahora
	la Iglesia pinta en su mano,
	aunque muestra el soberano
	bien que el ser casto atesora,
	yo por María imagino
	espejo en que se miraba,
	que el Padre eterno lo alaba.
	De este atributo divino
	es azucena y espejo,
	y ansí en Domingo se ve,

de cuya mano tomé
este divino consejo.

Antonio

Padre, pues me he de partir,
por que pueda acompañarme,
a fray Cosme puedes darme,
si conmigo quiere ir;
que con él me hallaré bien,
pues que fue mi compañero
en el siglo.

Antonino

De él espero
que sabrá acudir también
a su justa obligación.
Yo gusto que, como amigo
y hermano, vaya contigo.

Antonio

Pues danos tu bendición.

Cosme

¿No pudieras, padre amado,
darme mayor testimonio
que no apartarme de Antonio,
de su amoroso cuidado?
En el siglo le seguí
cuando fui su mochilero,
y ansí hasta el cielo no quiero
padre, apartarle de mí.
¡Qué lindos pollos rapaba
y gallinas!...

Antonio

(¿Está en sí?
Calle, que no es para aquí.)

Cosme

(Perdone, no me acordaba.)

Antonino	El cielo os guarde y bendiga. Partid luego, que es ya tarde.

(Vase.)

Antonio	El mismo, padre, te guarde. ¿Quién habrá, Cosme, que siga la gran virtud, la excelencia de este famoso varón?
Cosme	Muchas sus virtudes son.
Antonio	Puede entrar en competencia con aquellos soberanos anacoretas de Egito.
Cosme	Ha obrado bien lo que ha escrito con sus doctísimas manos.
Antonio	¿Tomó bien aquel consejo de rezar siempre el rosario?
Cosme	O forzoso o voluntario.
Antonio	Que le rece le aconsejo, y, no piense en argüir en si es fuerza o voluntad.
Cosme	Si le he de decir verdad, luego me empiezo a dormir.
Antonio	¿Luego rézale sentado?

Cosme	No, de rodillas estoy; pero tan presto me voy como si estuviera echado.
Antonio	Pues, padre, récele en pie.
Cosme	Póngome a peligro grande de que a dos pasos que ande conmigo en el suelo dé.
Antonio	«Deo Gratias.» Pues el cuidado que a la oración se le debe, ¿no le despierta o le mueve? Todo lo tengo probado. Si estoy en la portería, no me dormiré en un mes aunque no mueva los pies de un lugar en todo el día; si en la huerta, es de manera que tengo en Argos los ojos, sin que el sueño me dé enojos, y lo mismo si voy fuera. Pero en tomando el rosario no sé qué se tiene en sí, que no hay purga para mí, ni hay huevos, ni letuario de suaves adormideras que a tal sueño me provoque.
Antonio	Dios le despierte y le toque. Ya es tiempo de hablar de veras. Diga, ¿el lunes no rezó cuando el rosario le di?

Cosme	¿El lunes, padre? No y sí.
Antonio	¿Cómo puede ser sí y no?
Cosme	Comencé, y a las primeras avemarías...
Antonio	¿Durmióse?
Cosme	No, padre; pero atrevióse el sueño con mil quimeras; resistí por todo el diez, y al «Pater Noster»...
Antonio	¿Qué hubo?
Cosme	Tan necio y pesado estuvo, que me dormí de una vez desde las diez a las siete.
Antonio	Luego el martes bien podría rezar.
Cosme	Ya recé ese día por el bien que nos promete él haber en él nacido la hermosa Reina del cielo; pero en el mayor desvelo que jamás, padre, he tenido. Di en pensar si vencería con descabezar el sueño, que era de mis ojos dueño, y que luego rezaría; comencé a dormir por ver

qué tal remedio le doy...

Antonio   ¿Despertó luego?

Cosme   A eso voy.
Sí, padre, al amanecer.

Antonio   Si durmió de esa manera,
el miércoles rezaría,
pues que ya dormido había
para la semana entera.

Cosme   El miércoles comencé
los misterios del rosario,
y, a Pesar de mi contrario,
hasta la oración llegué
donde Pedro se durmió,
y en aquel huerto tendido
lo contemplé tan rendido,
que también me dormí yo.

Antonio   Pues el jueves, que podía
en la cena contemplar
el misterio del altar
y la santa Eucaristía,
¿no rezaría también,
si en San Juan, dormido el pecho,
de Cristo pensó?

Cosme   Sospecho
que le contemplé muy bien.

Antonio   ¿Hasta qué hora?

Cosme   Fue mucho,
           por ser los misterios tantos.

Antonio   ¿Y el viernes?

Cosme   Días tan santos
           porfío, batallo y lucho,
           que este viernes comencé
           a ir tras judas.

Antonio   ¡Buen cuidado!
           ¿No ve que estaba ahorcado?

Cosme   En él, padre, contemplé,
           y como en él suspiraba,
           me sucedió...

Antonio   ¿Dormiría
           hasta el alba?

Cosme   Hasta otro día.

Antonio   ¡Muy bien la semana acaba!
           El sábado apostaré
           que con los guardas durmió
           si el sepulcro contempló.

Cosme   Durmiendo los contemplé.

Antonio   En fin, toda la semana,
           ¿qué habrá rezado?

Cosme   En seis días,
           padre, treinta avemarías.

Antonio	Sí; mas será cosa llana que el domingo habrá cumplido lo que dejó de rezar.
Cosme	Pues, padre, ¿no es día de holgar?
Antonio	De holgar a los que han tenido oficios, porque su vida trabajando han de pasar.
Cosme	¿Y no es trabajo rezar?
Antonio	Por ser hoy nuestra partida no le riño como fuera justo; mas, ¿propone aquí la enmienda?
Cosme	Mi padre, sí.
Antonio	Rece esta semana entera. Y pues sueño no le deja ser al rosario fiel, ate de un clavo un cordel y el cordel ate a la oreja, para que cuando a dormir se vaya le tire della.
Cosme	Podráse salir con ella.
Antonio	¿Con ella se ha de salir?
Cosme	Por Dios, padre, que de suerte me suele el sueño cargar

	que me la puede sacar
	primero que yo despierte.
Antonio	Ahora bien; venga conmigo,
	que habemos de partir luego.
Cosme	Que me quite, a Dios le ruego,
	aqueste sueño enemigo.
Antonio	Por la Virgen, que le dio
	las rosas. lo ha de pedir.
Cosme	Si el rezar fuera dormir,
	¿quién rezara como yo?

(Vanse. Salen Lucifer y Satanás.)

Lucifer	¿Quién podrá tener sosiego
	viendo que el cielo perdió,
	de justa soberbia ciego,
	y para siempre heredó
	noche, tinieblas y fuego?
	¿Quién, ya que Dios le destierra,
	no envidia sus maravillas
	viendo que un hombre de tierra
	ocupa las altas sillas
	que pierdo en tan justa guerra?
	Si no tuviera mi mal
	en la venganza el remedio,
	por morir en pena igual
	tomara por justo medio
	que Dios me hiciera mortal
	después de su muerte santa,
	con cuya cruz no se espanta,

con cuya llave abre el cielo,
con cuya luz ve en el suelo
y el hombre muerto levanta.
Varias cosas intenté,
muchos hombres he quitado
al cielo en que me crié,
por que al de tierra formado
no suba adonde bajé.
Mas tantas estratagemas
vence la cruz y enmudece
nuestras víboras blasfemas,
que va del hombre parece
que son las armas extremas;
y esta cruz yo la llevara
en paciencia, que no al hombro,
que, como es de Dios la vara,
soy delincuente y me asombro
solo de verle la cara.
Pero tantas invenciones
de armas como le han dado
mi tormento y mis prisiones.
en el infierno han doblado
mi tormento y mis prisiones.
¿Qué rosario, di, Satán,
es este que me atormenta?
De escala nombre le dan,
y es bien, pues de cuenta en cuenta
por él al cielo se van.
¿Qué rosas son éstas, di,
o avemarías, pues fui
de ella muerto en Nazaret?
¿Qué «Pater Noster» también,
si es padrastro para mí?
¿Has visto, Satán, la gente

que este rosario me escapa?
¿Qué haré, que estoy impaciente?

Satanás   De este Domingo la capa
te cubre la vista ardiente;
este fraile, infernal toro,
te da en los ojos con ella;
las capillas de este coro
de aquella siempre doncella
descubre estas rosas de oro.
Estos son los jardineros
de este divino rosal;
por cultivarle ligeros
te ha venido tanto mal.
Con las rosas te hacen fieros,
que con las cuentas divinas
las dan tan maravillosas,
que, aunque espino le imaginas,
ellos se llevan las rosas
y a ti te dan las espinas.
Del mundo se te libró,
donde le pusiste al cebo
que a los principios picó
por el rosario el mancebo
que en Florencia se vistió
el blanco y negro vestido
de aquel perro negro y blanco
que ha tu destrucción pedido;
que como Dios es tan franco,
le ha dado cuanto ha querido
Pues ya por su devoción
ha estado la Virgen santa,
cuyas estas rosas son,
en gracia y privanza tanta,

que nos pone en confusión.

Lucifer   No; es que va navegando
                   a Sicilia y que Antonino
                   le dio el hábito.

Satanás   Si cuando
                   de la guerra santa vino
                   no se me fuera volando
                   de ese Antonino a los pies,
                   que ya, como sabes, es
                   arzobispo de Florencia,
                   yo pusiera en contingencia
                   los pasos en que le ves.

Lucifer   ¿Qué importa que esté seguro
                   a la sombra del rosal,
                   como la hiedra en el muro,
                   contra el Poder celestial?
                   Desde hoy vencerle procuro.
                   ¿Nunca has oído, Satán,
                   cómo las mujeres dan
                   mayor victoria a su nombre
                   cuando enamoran un hombre
                   que es de otra dama galán
                   Pues ésa es la fuerza mía.
                   Poco podrá mi porfía
                   si, aunque fea, no enamora
                   mi envidia y le quita agora
                   este galán a María,
                   que le ha dado por favor
                   para empresa de mirarlas...

Satanás   ¿Las rosas de su color?

Lucifer	Unas rosas marchitarlas
	con mi veneno y furor.
	Advierte el intento.
Satanás	Di.
Lucifer	¿Beceba no viene aquí
	moro de Túnez corsario?
Satanás	El mismo.
Lucifer	Pues ¿qué rosario
	librará Antonio de mí?
	Ea, que ya vio la nave
	donde aquestos frailes van;
(Hace que lo ve.)	ya la sigue como al ave
	medrosa el pardo alcotán.
	Da en popa viento suave.
	Ya llegó, ya les previene
	de que amainen, ya dispara,
(Suenan tiros.)	ya la nave temor tiene,
	ya se rinde, ¿quién la ampara?
	Ya el moro a los bordes viene.
Satanás	Fray Cosme, aquel motilón,
	con un remo se defiende
	de cuantos contrarios son;
	ya al suelo derriba y tiende
	la sarracena nación.
	A bordo las cuerdas trepa;
	entró dentro.
Lucifer	Estoy aquí.

¿No quieres que hacerlo sepa?

Satanás   ¿Ríndensele todos?

Lucifer   Sí;
solo el motilón increpa
el sarraceno valor.
Ya la chusma sobre él viene.

Satanás   Todo ese valor mantiene
ese rosario traidor.

(Salen fray Cosme, con un remo defendiéndose de Beceba y Archima Amet, y Sultán y fray Antonio, atadas las manos, y Camilo, pasajero, y Marcela, dama.)

Beceba   ¡Date, papa!

Cosme   Papear
y verlo.

Antonio   ¿Está sin sentido,
fray Cosme?

Cosme   Estoy descosido.

Antonio   ¿Qué hace, padre?

Cosme   Pelear.
¿No os arrimáis, desleales?
Llegad, veréis cuál se escapa,
que pues me habéis hecho papa,
yo os quiero hacer cardenales.
Llegad, perros, que aquí espero
de manos en la ocasión.

Antonio	Fray Cosme, dese a prisión.
Cosme	No quiero, padre, no quiero; dese vuestra reverencia.
Antonio	Ya que estoy atado, hermano, dese, ¡por Dios!
Cosme	Es en vano. Ya se acabó la paciencia.
Beceba	Pues muera. Hacelde pedazos.
Antonio	Su perdición, padre, temo.
Cosme	Llegad, sabréis qué es un remo regido por estos brazos.
Antonio	Yo le mando en obediencia que se deje, padre, atar.
Cosme	Solo eso pudo obligar mi rigor y mi impaciencia. Muy bien me podéis ligar, perros, a vuestro placer, pues sé que es obedecer mejor que sacrificar.

(Átanle las manos.)

Archima	Aquí no hay más que ofrecerse a este cordel.

Camilo	Ten piedad si ejecutas tu crueldad.
Cosme	Mas, ¿quieren todos perderse?
Marcela	¡Duélete, señor, de mí; no me trates con rigor!
Antonio	Dios lo ha permitido así, que como soy pecador y veinte años le ofendí, quiere que pague cautivo las ofensas que le hice
Cosme	Notable pena recibo.
Antonio	Tenga paciencia. ¿Qué dice?
Cosme	¡Atado yo estando vivo!
Antonio	Fray Cosme, si él hoy rezara, como yo se lo avisé, nunca aquí el moro llegara, que, puesto que yo recé, si en mis pecados repara, verá que no he merecido ser de la Virgen oído.
Beceba	Por la cristiana gallarda, remedio esta gente aguarda.
Marcela	Que tengas piedad te pido.
Beceba	Pienso que serás presente

	para que el rey dé por ti
	un ángel que adoro ausente.
Cosme	Por él, padre, estoy yo así.
Antonio	Fray Cosme, no sea impaciente.
Sultán	Estos padres no quisiera
	que llevaras, que hacen mal
	a los cautivos.
Antonio	Si fuera
	tal mi dicha, mi bien tal
	que yo a tus manos muriera,
	¿qué fin mejor puedes dar
	a mi jornada que el cielo?
Beceba	Pues yo te quiero matar.
	Daré tu cabeza al suelo
	y echaré tu cuerpo al mar.
Lucifer	El fraile, Satán, se escapa;
	al cielo se va por pies
	envuelto en su negra capa.
Satanás	¿No hay un remedio que des?
Lucifer	¿Qué furia tus ojos tapa?
	¿Quién tu entendimiento ciega?
	¿Tú no ves que a nadie llega
	más presto un grande rescate
	que a un fraile?
Beceba	Pues no se mate;

	el oro por ti me ruega.
Antonio	¿Qué, no merecí morir?
Cosme	Calle, que bien vamos vivos.
Beceba	Apresta y ialto!, partir.
Antonio	¿Parécete que cautivos no es morir?
Cosme	Bueno es vivir.
Archima	Pasad a las galeotas, cautivos, que a Túnez vais.
Camilo	¡Qué diferentes derrotas!
Antonio	Hoy, señor, me regaláis.
Beceba	¿Cómo esa chusma no azotas? Cristiana, tened consuelo.
Marcela	No hay mi desdicha en el suelo.
Antonio	¡Virgen santa, en Vos confío!
Lucifer	Este fraile ha de ser mío o he de revolver el cielo.

Fin de la primera jornada

Jornada segunda

(Salen Archima Amet y Sultán, moros.)

Archima   ¿Qué hacen esos esclavos?

Sultán   Apenas el Sol los ve.

Archima   ¿Y los papas que compré?

Sultán   Esos blasonan de bravos.

Archima   Hazles peor tratamiento
                 que a los demás.

Sultán   Su paciencia
                 les sirve de resistencia
                 y de humilde sufrimiento.

Archima   Si te digo la verdad,
                 sultán, no hay noche ninguna
                 que en sueños no me importuna
                 alguna sombra o deidad.
                 Que Antonio siga hasta tanto
                 que se vuelva moro, y de esto
                 anda triste y descompuesto,
                 y aun después que me levanto,
                 suele aquesta misma sombra
                 la imaginación cansarme.

Sultán   ¡Extraña cosa!

Archima   Y mostrarme
                 tantas, que el alma me asombra.

(Salen Lucifer y Satanás.)

Satanás	¿No hemos de salir con esto?
Lucifer	O no ser yo quien soy o le habemos de ver hoy el traje africano puesto.
Satanás	Cuentas que da cada día de su devoción a Dios han hecho que de los dos no aproveche la porfía. Llega, y al dueño tirano este pensamiento infunde para que en su mal redunde.
Lucifer	¿Cómo no quieres, villano, castigar aquel Antonio hasta que deje su fe?
Archima	De que ya le castigué su sangre da testimonio.
Lucifer	Apriétale hasta que deje la ley de Cristo.
Archima	Sí haré.
Sultán	¿Con quién hablabas?
Archima	No sé.
Lucifer	Dale, aunque al cielo se queje.

Archima	Hoy, sombra, cualquier que seas,
	palabra te doy de hacer
	que muera o se ha de volver
	a la ley que tú deseas.
	Vete en buen hora al lugar
	que tienes en tierra o cielo.
Lucifer	No hay en el cielo ni suelo
	donde me dejen estar
	si entre vosotros no estoy
	o con los indios resido,
	pues el cielo que he tenido,
	el ser que en efecto soy,
	no me duró sola un hora;
	era corto para mí:
	que como cedro subí
	y amanecí como aurora.

(Vase.)

Sultán	¿Qué tienes?
Archima	. No sé, sultán.
	Saca luego de los hierros
	aquesos cristianos perros
	por quien tormento me dan.
Sultán	Voy.
Archima	Camina.
Sultán	Aguarda un poco
	y lo que pasa verás.

(Vase Sultán.)

Archima   Sombra, ¿qué pretendes más,
        si no es que me vuelva loco?
        ¡Vive Alá, papa cristiano,
        cualquier que seas, que hoy
        has de morir, pues estoy
        más esclavo de un tirano
        por ti que lo estoy de mí!

(Salen Sultán, fray Antonio, Cosme y Marcela, los tres cautivos.)

Sultán   Hoy, perros, pienso mataros.
        Que quiere ver azotaros
        Archima Amet aquí.

Antonio   Con acabar nuestra vida
        acabarás nuestra pena.

Archima   ¿Es buena esta vida?

Antonio   Buena,
        y más si es por Dios sufrida.

Archima   Deja, Antonio, esa locura;
        adora en Mahoma y mira
        que te amenaza su ira.

Antonio   ¡Virgen santa, Virgen pura,
        Virgen más clara que el Sol,
        favoreced vuestro esclavo!

Sultán   Préciase el perro de bravo

más que si fuera español.
¡La ropa fuera ya, perros!
Tiéndanse en tierra.

(Desnúdanse y échanse de bruces.)

Cosme   ¡Ay de mí!
                  Padre Antonio, que por ti
                  vine a verme en estos hierros.

Antonio   Diga, hermano, que por Dios.

Cosme   ¿Quién le metió que yo fuese
                  con él a Sicilia y viese
                  tanto mal para los dos?
                  ¿No me estaba yo muy bien
                  en mi santa portería,
                  donde a mis horas comía,
                  donde cenaba también?
                  ¡Ay mi huerta de San Marcos!
                  ¡Ay mi santo refectorio!

Antonio   Otro más raro es notorio
                  le espera y mil triunfos santos,
                  donde cenará algún día
                  a la mesa del Cordero.

Cosme   Así, padre, en Dios lo espero
                  pero como yo comía
                  tan libre de aquestos hierros
                  en mi refectorio a ratos,
                  cercado de tantos gatos,
                  muérome entre aquestos perros.

Antonio	Ya, hermano, yo estoy desnudo.
Sultán	Tiéndase, pues.
Cosme	¿En qué cama?
Archima	¿Cuándo te cansarás? Llama dos calabreses membrudos.
Cosme	Mirad para en acabando qué colación apercibe.
Antonio	Por Dios, Cosme, los recibe, que Dios nos está mirando.
Cosme	¿De qué el recibo ha de ser?
Antonio	¿De qué? De aquestos regalos.
Cosme	¿Yo, ¡por Dios! recibir palos? No estoy de ese parecer.
Archima	Desnúdate, ¿qué porfías?

(Quítale Cosme el palo al Sultán y dale con él.)

Cosme	Ya la paciencia he perdido. ¿No te contentas vestido? ¡Toma!
Sultán	¡Ay espaldas mías!

(Andan tras él fray Antonio y Archima Amet, poniéndose en medio.)

Antonio	«Deo Gratias», fray Cosme, hermano; ¿así pierdes la obediencia?
Cosme	Acabóse la paciencia; no me hable, padre, a la mano. Déjeme que le sacuda media docena no más.
Archima	Cautivo, ¿eres Barrabás? Prendedle, moros; ayuda por Mahoma soberano! ¡Cautivo, perro, traidor, que has de probar mi rigor!
Cosme	Pasito, blanda la mano.

(Salen Aja, mora, y Lucifer.)

Aja	¿Estás loco? ¿Qué es aquesto? ¿Comprastes bestias por dicha o hombres?
Antonio	Mi desdicha, ora, tu piedad me ha puesto.
Lucifer	De mandarle castigar pienso conseguir mi intento y doyle merecimiento con que me doble el pesar.
Archima	¿Quién te mete en eso a ti?
Aja	¿Qué te han hecho esos cautivos?

Archima	Poco, pues los dejo vivos.
Aja	¿Por qué los tratas ansí?
Archima	Porque este Antonio deseo, Aja, que se vuelva moro.
Aja (Aparte.)	(¡Pluguiera a Alá!, que le adoro y a un ángel viéndole veo!) Pero sea con regalos, no a palos, que de esa suerte le perderéis con su muerte. Un roble da el fruto a palos; pero los árboles nobles dejan tomar con la mano el fruto, y este cristiano no fue de casta de robles. Vete y déjame con él. Llevad esotro.
Archima	Yo quiero hacer tu gusto.
Aja	Y yo espero que sin castigo cruel se rinda a mi cortesía.
Archima	Lleva ese perro, sultán, donde los demás están.
Sultán	Camina, perro; algún día nos veremos.
Cosme	Quiera Dios

	que nuestro rescate sea
	en contienda de pelea
	y que la hayamos los dos.
Antonio	Fray Cosme, tenga paciencia,
	que es gran joya la humildad.
Cosme	Tenga su paternidad
	mas brío en tan gran violencia.

(Vanse los moros y Cosme.)

Lucifer	Llega, enternece aquel pecho.
Aja	(¡Temor tengo, oh santo Alá!
	¿Qué piedra en tu pecho está?
	Antonio, ¿de qué eres hecho
	que cierra al alma la entrada?
Lucifer	Mira qué hermosura tiene.
Antonio	Contra mí la carne viene
	de dulce deleite armada.
	¡Virgen, socorred, pues Vos
	excedistes en pureza
	los ángeles y en belleza
	cuanto en el cielo no es Dios!
	Domingo, pues me libré
	del mundo con el sagrado
	de vuestra ropa y a nado
	a vuestro puerto llegué,
	donde al demonio vencí
	dándole azotes crueles,
	las rosas que en los vergeles

de vuestra casa cogí,
la carne, que es el mayor
de los enemigos míos,
viene con notables bríos
de anegar mi propio honor.
¡Favor, padre soberano;
y vos, heroico Antonino,
pues el hábito divino
me dio vuestra santa mano,
haced oración por mí!

Lucifer   Háblale, ¿qué te acobardas?

Aja   En fin, dulce Antonio, ¿aguardas
que yo te requiebre a ti?
Si es vergüenza y es temor
de ver que soy tu señora,
tu cautiva soy agora,
tú mi adorado señor.
Lo que es mi talle y persona
ya la ves, no hay que alabarte.
¡Ojalá para obligarte
tuviera yo la corona
de toda el Asia! Mi hermano
es rico. Deja tu ley.
Deudo tengo con el rey.

Lucifer   Pídele, necia, la mano,
que palabras no es sentido
y el tocar sentido es,
y el sentir hace después
apetecer lo sentido.
Aunque se incitan oyendo
los hombres más que mirando,

muchos se pierden tocando,
que es ir el fuego encendiendo.
Llegarse al fuego calienta;
pero si se toca, abrasa.
Pásale la mano, pasa;
llega y abrazarle intenta.

Antonio   ¿Qué armas podré tomar
               contra ti?

Aja   Mira, cristiano,
               que te adoro.

Antonio   ¡Oh fuerte mano!
               Comenzad a pelear.
               Basta el rosario del cuello.

Lucifer   Perdíme; no aguardo más.

(Vase.)

Aja   ¿Rosas, cristiano, me das?

Antonio   ¿Yo rosas?

(Vuélvese el rosario rosas.)

Aja   Muestra, mi bien.

Antonio   ¿Qué dices?

Aja (Hace cuando va a tomar el rosario que se quema.)
                      ¡Ay, que me abraso!

(Vase.)

Antonio
Y que con ligero paso
Alá o los cielos te den.
Rosas dijo que le daba
cuando el rosario miró
y, la mano se abrasó
cuando las rosas tocaba.
¡Ah Virgen! ¡Tanto favor!
¡Tantas gracias y mercedes!

(Sale Cosme.)

Cosme
Salir por las calles puedes
de Túnez libre, señor;
mas cree en darte la nueva
antes de pedirte albricias.

Antonio
¿Qué albricias, Cosme, codicias,
puesto que albricias te deba?
¿Qué tengo yo que te dar,
si no es de aqueste jaleco
o de aquel bizcocho seco
lo que hoy tengo de cenar?
Ve por ello si te agrada;
más de diez onzas serán.

Cosme
Piedras por onzas nos dan.
¡Qué vida tan regalada!

Antonio
Esto entre moros se medra.
Yo te juro que algún día
esa piedra me sabía,
más que pan de azúcar, piedra.

Pero dime, ¿quién nos dio
licencia para salir
de esta mazmorra y vivir
en la luz que Dios crió?

Cosme   A Túnez, padre, ha venido
Clemente, un embajador
de Génova por valor
de su virtud conocido
en toda el África, y éste
al rey pidió por merced
delante de Archima Amet,
que solo cuando se acueste
permita que moro alguno
encierre en mazmorra esclavo.

Antonio   Al embajador alabo,
Cosme, y al rey noble. Al uno,
por la merced que pidió,
y al otro, por concedella.
Gracias a la Virgen bella.
¿Ha rezado hoy?

Cosme   Padre, no.

Antonio   Pues ¿por qué?

Cosme   De no comer
estoy muy desvanecido.

Antonio   ¿Y ha comido?

Cosme   Ya he comido.

Antonio	Agora lo puede hacer.
	Saque el rosario.

Cosme	Quebróse
	el cordón y no he podido
	ensartarle.

Antonio	¿No ha podido?

Cosme	Hubo embarazo; olvidóse.

Antonio	Venga, yo le ayudaré
	a ensartar las cuentas.

Cosme	Vamos;
	pero como aquí pasamos
	crujía, sospecho a fe
	que algunas se habrán ido.

Antonio	¿Cuántas?

Cosme	Vaya agora cuenta.

Antonio	Diga, a ver.

Cosme	Ciento cincuenta.

(Saca sola la cruz.)

Antonio	¿Luego todas se han perdido?

Cosme	La cruz me quedó no más.

Antonio	Dios, Cosme, le dé su luz.

Ate un cordel a esa cruz
y no le pierda jamás.
Que en él daremos los dos
tantos nudos como cuentas,
y pase aquestas afrentas
y palos siempre por Dios,
que es soberbio con exceso
y le podrá suceder
gran daño, a mi parecer.

Cosme   Estése, padre, con eso.

Antonio   Aquí dicen que labrado
tienen un famoso templo
los genoveses.

Cosme   Ejemplo
de cristiano celo han dado.

Antonio   En él hay un santo altar
de un crucifijo devoto,
de manos y pies tan roto,
que aun la sangre quiso dar.
Esta visita ha de ser,
Cosme hermano, la primera,
pues nos dejan salir fuera
y mañana puede hacer,
de agallas o de otras cosas,
un rosario en qué rezar,
si el cordel le ha de quitar
la devoción de las rosas.

Cosme   Bien dice, Vamos, que allá
habrá mercader cristiano

que rosario tenga.

Antonio   Es llano;
alguno en la plaza habrá.
¿Cuándo me veré, mi Dios,
en vuestra santa presencia?

Cosme   Refectorio de Florencia,
¿cuándo me veré yo en vos?

(Vanse. Salen el rey de Túnez, Beceba, Marcela, cautiva, y Rosa.)

Beceba   Si no te obliga, rey, a haberte dado
esta cristiana para darme a Rosa,
ni a ti, Rosa ingratísima, he obligado
con aquesta jornada victoriosa,
¿qué esperanza en tan dudoso estado
será para mi vida provechosa?
¿Cuál será de los dos el pensamiento,
pues cuantos me habéis dado lleva el viento?
Surqué la mar azul, corrí la posta
en mis seis galeotas que juzgaban
el golfo desigual carrera angosta;
así las blancas olas sujetaban.
De Sicilia espanté la fértil costa,
y Apebón y Paquino me temblaban,
que los azufres de sus bocas fieras
se helaron de temor de mis banderas.
Cuando volví de tan dichosa empresa,
las ninfas de la mar, en sus navales
carros, entapizados de ova espesa,
me ofrecieron mil perlas y corales.
Tú solo, rey, a quien mi dicha pesa;
tú sola, Rosa, a quien mis largos males

nunca engendran amor, me recibistes
con tibios brazos y con ojos tristes.

Rey

Beceba, quien emprenda grandes cosas,
ha de tener, con el valor, paciencia.
No se cogen tan fáciles las rosas;
sus mismas ramas hacen resistencia.
Estimo que tus manos victoriosas
ya de Sicilia, Córcega y Valencia,
Nápoles y Cerdania, vengan ricas,
pues tales prendas a mi gusto aplicas.
El parabién te doy; pero no puedo
darte lo que consiste en otro gusto.
Rosa tiene la culpa.

Beceba

                ¡Bueno quedo!
Tras tantas esperanzas, tal disgusto.
Con justa causa me partí con miedo
de su respuesta y de su agravio injusto.
Lo que temí llegó, pues ya los cielos
corrieron las cortinas a mis celos.
Ya veo a Rosa cerca de tus brazos,
como se mira en cuadro de pintura
por cristiano pincel: entre mil lazos,
gozar de Venus Marte la hermosura.
Todos los imposibles y embarazos
con que tu amor dificultar procura
cosa tan fácil nacen de este intento,
y yo estoy tal, que digo lo que siento.
Con un hacha de amor entré seguro
a ver tu pensamiento en tu deseo,
que estaba con mis celos tan oscuro.
Ya Rosa en él y entre tus brazos veo.
Pues siendo así, ¿qué busco?, ¿qué procuro?

¿qué pido?, ¿qué pretendo?, ¿qué rodeo?
Dejar quiero tu tierra y tu servicio
y proseguir de Marte su ejercicio.
Argel tiene las costas africanas,
donde estarán mejor mis galeotas.
Tráiganse aquí chalupas y tartanas,
las tuyas pobres de la chusma rotas,
no como suelo yo naves cristianas
de alto bordo que suben sus derrotas,
Italia, África, Dinamarca y Flandes,
con que has labrado atarazanas grandes.
Dame mi esclava, rey, que el alma adora.

Rey   Y si no quiero dártela, Beceba,
¿qué dirás?

Beceba   Que me pagas bien ahora.

Rey   ¿No basta el galardón que un rey te deba?

Beceba   Dame mi esclava y tu sobrina adora.

Rey   ¿No me la diste?

Beceba   Sí.

Rey   Pues ¿qué más prueba
de que es mía?

Beceba   Fue un trueco de la hermosa
Rosa, mas ¿no me das tampoco a Rosa?

Rey   No quiere, y yo no tengo de forzarla.

Beceba	Rosa, ¿no quieres tú?
Rosa	Quiero, y es justo, lo que quisiere el rey.
Beceba	No hay que culparla; está sujeta y ha de hacer tu gusto. Dame mi esclava a mí, que quiero darla al rey de Argel.
Rey	¿Por darme a mí disgusto?
Beceba	Por lo que tú mereces; pues es llano...
Rey	Prosigue la razón.
Beceba	...que eres tirano.
Rey	¡Prendedle!
Beceba	Por la punta de esta espada.
(Vase.)	
Rey	Por Alá que te haré quitar la vida. ¡Hola, guardas, alcaide! Rosa amada, de su muerte no quedes ofendida
(Vase el Rey.)	
Rosa	Intenta, rey, lo que a tu gusto agrada, que, puesto que de entrambos soy querida, a nadie tengo amor, que, aunque está ciego, mi pecho es nieve si su flecha es fuego.

¿Cómo es tu nombre, cristiana?

Marcela   Por mi desdicha, Marcela;
                 por venir derecho el mal,
                 el mismo nombre lo muestra.

Rosa   ¿Eres española?

Marcela   Sí,
                 aunque a Nápoles la bella
                 pasé con un capitán.

Rosa   ¿De dónde eres?

Marcela   De Valencia.

Rosa   Yo te he cobrado afición.

Marcela   Primero que te la deba
                 te había pagado, mora,
                 que tu donaire y belleza
                 obliga a tenerte amor.

Rosa   En esta correspondencia
                 de voluntades pagadas,
                 que nace de las estrellas,
                 fuera yo tu grande amiga,
                 mi secretaria te hiciera,
                 mis pensamientos fiara
                 de tu valor satisfecha;
                 como te volvieras mora,
                 y si mora te volvieras,
                 yo te casara con hombre
                 que fuera igual a tus prendas.

Marcela	Con aquí veis cada día
	cristianas que su ley dejan,
	parécete, bella Rosa,
	que seré lo mismo que ellas.
	Y cree que no fiara
	de mi valor y paciencia
	para trabajos tan grandes
	tan dificultosa prueba,
	a no haber en el camino
	hallado la resistencia
	de vuestros ruegos, regalos,
	honras, gustos y promesas.
Rosa	Pues ¿qué resistencia hallaste
	si quieren hacerte fuerza?
Marcela	No la entenderás.
Rosa	Sí haré.
	No hay cosa que yo no entienda
	del trato de las cristianas,
	que me he criado con ellas.
	Las labores que yo sé,
	una esclava portuguesa
	me las enseñó, y aun creo
	que, si hasta agora viviera,
	su ley me hubiera enseñado.
Marcela	Pues, Rosa, cuando fui presa
	deste alcaide, lo fue un fraile
	dominico de Florencia.
	Hombre de linda persona,
	honestos ojos y lengua;

tan devoto de la Virgen
que adoran cielos y tierra
por Madre del mismo Dios,
que, hablando y tratando en ella,
las lágrimas que lloraba
enternecieran las piedras.
A todos encomendó
la devoción de esta Reina,
y a mí, aparte, como vía
que nuestra común flaqueza
es más fácil para el mal,
me dijo: «Cuando te quieran
persuadir, Marcela amiga,
moros que mora te vuelvas,
acuérdate de la Virgen
y de la santa paciencia
con que a Menfis y al gran Cairo,
huyendo de la sangrienta
furia de Herodes, llevó,
por sus arenas desiertas,
al benditísimo Niño;
y que, sentada en la hierba,
margen de una fuente clara,
con las manos, más que estrellas,
le lavaba los pañales;
mientras, una blanca cesta
José de dátiles rojos
cogía de las soberbias
palmas que entonces al suelo
humillaban las cabezas.
Considera los trabajos
que esta celestial princesa
pasaría tantos años
y súfrelos tú por ella,

y por que jamás la niegues,
toma estas divinas cuentas,
que, si cada día las pasas,
ellas serán tu defensa».
Bien escuché sus palabras,
pues del modo que en la imprenta
queda el papel, las dejó
en medio del alma impresas.
Este es el santo rosario.
¡Ojalá que tú quisieras
conocer estas verdades!

Rosa
Basta, amiga, que las tenga
respeto y amor ahora.

(Sale Lucifer.)

Lucifer
(No es mala ocasión aquésta
para salir con mi intento.)
Este fraile, Rosa bella,
es el hombre más gallardo
que hizo Naturaleza.
Tiene un ingenio divino.
Bueno será que le veas.

Rosa
¿Podré yo ver este fraile?

Marcela
¡Pluguiese a Dios!

Lucifer
                    (No quisiera
revelar alguna cosa
que me diese en la cabeza.
¿Cosa que Antonio de Ríjoles
aquesta mora convierta

y por un alma dudosa
la más cierta se me pierda?
Mas yo lo sabré trazar
sin que me resulte ofensa.)

Marcela   Archima Amet le compró,
cómprale o, por más modestia,
dile al rey que se lo pida.

Rosa   Más segura ha de ser ésa.
Al rey le quiero pedir.

Lucifer   (Pues ¿qué aguardas?)

Rosa   Ven, Marcela,
que ya me muero por verle.

Marcela   El cielo tus pasos mueva.

(Vanse las dos.)

Lucifer   (No, sino yo, que soy ángel,
aunque perdí por soberbia
ser luz, ser Sol, ser aurora,
y ya soy noche y tinieblas.)

(Salen Filipo, Alberto y Rosio, cautivos.)

Filipo   ¡Ay, vida trabajosa!
¿Cómo con tantas penas dura tanto?

Alberto   ¡Ay, muerte perezosa!
¿Cómo no escuchas mi profundo llanto?

Rosio	¡Ay, muerte y vida juntas, cómo vivo!
	¡No hay mayor muerte que vivir cautivo!
Filipo	¿Que se aflige el villano
	de que no llueva a tiempo en su cosecha?
Alberto	¿Que llora el cortesano
	su pretensión sobre los vientos hecha?
Rosio	¿Que teme el navegante al mar ni al viento?
	¡Ay, Dios! ¿Por qué no duerme el avariento?
Lucifer	¿Qué se lamentan éstos
	de solo ver la libertad perdida,
	si en el libro están puestos
	del bautismo de Cristo y restituida?
	De vicio se lamenta todo el suelo.
	Callen, pues callo yo, que perdí el cielo.
	¿No fue por mí vertida
	la sangre del Cordero sobre el ara?
	Trabajo en mortal vida,
	descanso presto que en la muerte para;
	mas yo, inmortal y que de Dios me alejo,
	me pudiera quejar y no me quejo.

(Entra Antonio.)

Antonio	Cautivos, que lo fuisteis
	del demonio y de Cristo libertados,
	a ser libres vinisteis
	y de nuevo por él regenerados.
	Hagamos penitencia, que en paciencia
	se ejercita también la penitencia.
	Nuestros pecados fueron

la causa de vivir donde vivimos;
mas ya que nos trajeron
donde la alegre libertad perdimos,
no perdamos el alma, que es tesoro
más que la libertad, que pierde el oro.

Filipo   ¿Quién eres, que predicas
penitencia, cristiano, donde hay tanta?

Antonio   Amigo, bien replicas.
Cautivo de la Virgen sacrosanta
soy lo primero, y luego, un fraile pobre,
aunque en ser de quien soy todo me sobre.
Por las manos dichosas
del varón apostólico Antonino,
me dio estas bellas rosas
deste rosario celestial, divino.

(Sácale y huye el Demonio.)

Lucifer   Cegóme, ¡oh perro! Pues caerás espera,
que yo fui Sol y ya perdí mi esfera.

(Vase.)

Antonio   Este que cada día
rezo a la Virgen, y vosotros todos
que le recéis querría,
pues por divinos celestiales modos
os dará libertad con esperanza,
que de su Hijo cuanto quiere alcanza.

Alberto   Danos los pies, ¡oh padre!,
que todos prometemos ser devotos

de aquella Virgen madre.

Antonio   Ella permita que cumpláis los votos
en sus templos, llevándole el rescate
a Loreto, a la Peña o Monserrate.
De un mercader ahora
compré aquestos rosarios. Ea, cristianos,
rosas de tal Señora
no es justo que se os caigan de las manos,
que mientras más traigáis la mano en ellas,
en vez de marchitarse están más bellas.

(Salen Archima Amet y Celimo.)

Archima   Este, Celimo, es mi esclavo.

Celimo   Pues éste te pide el rey.

Archima   Lo que es el talle te alabo;
mas para dejar su ley,
terrible, arrogante y bravo.
¿Qué haces, Antonio, aquí?

Antonio   Con la licencia, señor,
ando por Túnez así.

Archima   El rey sabe tu valor;
al rey, Antonio, te di;
parte a verle con Celimo.

Antonio   Voy, señor, a obedecerte.
Amigos, hoy os animo
con mi sangre; con mi muerte
veréis si la prenda estimo.

(Vanse Antonio y Celimo.)

Archima   Id a trabajar vosotros.

Rosio   ¿Somos tuyos? Riñe a otros.

Alberto   ¡Qué buenas rosas llevamos!

Filipo   Vamos tras él y pidamos
               que ruegue a Dios por nosotros.

(Vanse todos. Salen Aja y Cosme.)

Aja   Viendo el notable rigor
               de Antonio, a quien tanto adoro,
               y que no se vuelva moro,
               porque no me tiene amor,
               crece mi pena inhumana
               tanto, que resuelta vengo,
               pues yo soy quien solo tengo,
               para volverme cristiana.
               Dile, Cosme, que, pues él
               no quiere ser moro aquí,
               yo seré cristiana, y di
               que me casaré con él.
               Que, aunque sé que ha de pesar
               a mi hermano, yo sabré
               hacer de suerte que esté
               de esotra parte del mar
               cuando entienda nuestro intento;
               y a ti, si aquesto conciertas
               y su voluntad despiertas,
               tan dormida a mi tormento,

fuera de la libertad,
luego que estemos casados.
te daré dos mil ducados
y del alma la mitad,
porque en joyas y dinero
puedo llevar treinta y más.

Cosme   Señora, engañada estás
y desengañarte quiero.
Aunque te vuelvas cristiana,
no puede Antonio casarse
contigo, ni aun obligarse
a cosa alguna liviana,
porque es fraile y no es posible.
Deja esas cosas agora
y trata, ilustre señora,
de algún medio convenible
para darnos libertad,
que él te llevará si quieres
ser cristiana, y donde fueres,
tu hermosura y calidad
te darán galán marido,
a quien luego querrás bien,
que no es mostrarte desdén
no haberte Antonio querido,
sino ser fraile profeso.
Esta razón le desvía,
que entre cristianos sería
gran pecado y gran exceso
y al instante castigado
que de alguno se entendiese.

Aja   Y si yo con él me fuese,
¿está también obligado

	a no mostrarme afición
	y pagar mi voluntad?
Cosme	También es la castidad
	su principal profesión.
	Y aunque Antonio, por ser hombre,
	pudiera satisfacerte,
	antes sufriera la muerte
	que perder de casto el nombre.
	Ya es un ángel en la tierra
	y un santísimo varón,
	y tanta la devoción
	que su casto pecho encierra
	con la divina María,
	que aquellas rosas le dio,
	que, si le tratase yo
	de esta plática algún día,
	para siempre era acabada
	nuestra amistad.
Aja	¿Que mi mal
	es sin remedio?
Cosme	Es mortal.
	Si el que te di no te agrada,
	aun yo, con ser motilón,
	como y como.
Aja	¿Pues qué? ¿Tú
	puedes casarte?
Cosme	«¡Jesú!»
	«¡Abernuncio!» ¡Tentación!

(Vase santiguando Cosme, diciendo: «¡Abernuncio!» ¡Tentación! Salen Antonio, Rosa y Lucifer.)

Antonio

Cuanto me promete el rey
no es para mí de importancia,
que no hay humana ganancia
para que deje mi ley.
Sola tu rara hermosura
me hubiera dado, señora,
primer movimiento agora
de tan notable locura;
tanto, que pienso que estoy
fuera de mí, pues te miro.

Lucifer

(¡Oh, qué bien he puesto el tiro!
De medio a medio le doy.)

Antonio

Lo que no pudo el tormento
de mi prisión, hambre y sed,
dese fiero Archima Amet
por diabólico instrumento;
lo que Aja no alcanzó
con tanto amor y blandura,
pudo, Rosa, tu hermosura.
Pero, ¿qué digo? ¿Soy yo?
¡Vete! ¡Apártate de mí!
¡Dios mío! ¿Vos me dejáis?

Lucifer

(¿Otra vez a Dios tornáis?
Luego, ¿no soy nadie aquí?
Pues aunque a ser no llegué
Dios, porque Dios es solo uno,
nunca tan cerca ninguno
alto pensamiento fue.)

Rosa	Antonio, desde aquel día que Marcela habló de ti, por los oídos te di lo más que el alma podía. Ya que te veo, mi bien, por los ojos te confirmo por mi señor.
Antonio	Y yo afirmo que el alma te doy también. (¡Ay de mí! ¿Qué dije? ¡Cielos! ¡Qué ceguedad! ¡Qué locura! ¡Qué deleite! ¡Qué hermosura! Cubre con fingidos velos la muerte eterna, el perder a Dios, el fuego infernal.)
Lucifer	(Esto se vuelve a hacer mal; más cuidado es menester. Habla más tierno.)
Rosa	¡Mi vida!, en mí una esclava tendrás; este reino heredarás, que no hay deudo que os lo impida. A mi tío el rey se han muerto dos hijos. Si he merecido que vos seáis mi marido, tened el reino por cierto. Pues ¿quién será como vos servido entonces, amores?
Antonio	Faltado me han los favores

y los auxilios de Dios.
¡Ay ojos que habéis podido
cegar todas las estrellas
del cielo, pues ya sin ellas
voy por vuestro mar perdido!

Lucifer   (Bien va aquesto; atraíle.)

Rosa   Dame esa mano.

Antonio   Y también
el alma.

Lucifer   (Ahora va bien.
Pues ¿qué? ¿Se pensaba el fraile
ser más fuerte que Sansón
y más santo que David?)

Antonio   (¡Cegad, ojos; pies, huid!
¡Ya es tarde; estoy en prisión!
Los palos, la mala vida
y el regalo desta mano
me han vuelto loco; ya en vano
«recuerda el arma dormida».)

Lucifer   (Pídele un abrazo.)

Rosa   Esposo,
dadme un abrazo.

Antonio   Quisiera.

Rosa   Pues ¿quién lo estorba?

Antonio	Espera;
	que hay un estorbo forzoso.
Rosa	En que soy tu esposa advierte;
	tú, mi contento y mi gloria.
Antonio	¿Adónde está la memoria?
	«Avive el seso y despierte.»
	Apártate un poco allí.
Rosa	Aquí aguardo.
Antonio	¡Extraño intento
	me ha puesto en el pensamiento
	el perder el alma así!

(Pónese a dudar.)

Lucifer	(Háblale, que está dudando.)
Rosa	¡Ah, mi Antonio! ¡Ah, mi señor!
	¿De qué es aquese temor?
	¿Qué hacéis así?
Antonio	«Contemplando.»
Lucifer	(Muy bien puede dar lugar
	un hombre a propias pasiones.)
Antonio	(¿Quién de tales ocasiones
	se habrá sabido librar?)
Lucifer	(Háblale, que se convierte.)

Rosa	Mi Antonio, mira que espero.
	¿Qué haces, mi bien?
Antonio	Considero
	«cómo se viene la muerte»...
Lucifer	(Deja esa imaginación,
	que daña imaginar tanto.)
Antonio	Mas ¿por qué causa me espanto
	de unas cosas que, al fin, son
	flaquezas tan naturales?
	Demás de que yo, ¿qué sé
	del secreto de mi fe?
	Aunque fundamentos tales
	mi fe, ¿no está recibida
	por justa, por santa y buena?
	Mas si se aumenta la pena,
	«¿cómo se pasa la vida?»...
Lucifer	(Ya tropezáis con la fe.
	Vos caeréis.)
Antonio	¿En estos años,
	podré sufrir tantos daños?
	¿No es posible, no podré
	en brazos de esta mujer
	ser rey de Túnez y ser
	quien treinta galeras arme
	y discurra todo el mar?
	Mandaré, tendré gobierno,
	que hartos hay en el infierno
	solamente por mandar.
	Que pasar vida tan fuerte

es locura y es rigor.
Mas... ¡ay!

Rosa
¿Qué pensáis, amor?

Antonio
«¡Cómo se viene la muerte!»
Quiero quitarme el rosario,
que ya el cuello me atormenta.
Pesa un quintal cada cuenta
y ya no me es necesario.
Aquí lo quiero poner.
¡Rosario, quedaos a Dios!

(Quítasele.)
Que voy a abrazar sin vos
aquella hermosa mujer.

Lucifer
(¡Victoria! ¡Vencí! No hay más
¡Infierno, fiestas! ¡Vencí!
Más te precio, fraile, a ti,
pues ya en mi poder estás,
por ser de aquel perro negro
que así me muerde y persigue
y con su rosario sigue,
y más me ensancho y alegro
que con mil almas de moros.
¡Ea, infierno, fiesta luego;
haya fuegos, pues en fuego
se han de gastar mis tesoros!)

(Vase.)

Rosa
Abrázame.

Antonio
Estoy temblando.

Rosa	¿De qué, mi bien?
Antonio	De pensar en cómo me ha de llevar el infierno «tan callando».

(Abrázanse, y mientras se abrazan vuelve la tramoya con un Ángel, que toma el rosario que Antonio puso sobre la peña.)

Ángel	Este rosario, estas rosas, me manda llevar la Reina que sobre los cielos reina.

(Cúbrese.)

Antonio	Dadme esas manos hermosas.
Rosa	Manos y brazos te doy. Ven para que el rey te vea.
Antonio	Desde hoy le quiero servir.
Rosa	Hoy te ha de hacer su visir.
Antonio	Basta que su esclavo sea.

(Vase. Sale Pedro Germán, monje.)

Pedro Germán	Después que retirado vivo en la soledad de aquestas peñas, ya del mundo olvidado, de que apenas podré decir las señas, no he tenido tal día; llore, pues es razón, el alma mía

mi estimado rosario,
que tantos años fue mi compañero,
las armas y el contrario
de más temor a mi enemigo fiero,
se me cayó en el fuego,
donde me calenté, cual Pedro, ciego.
Grande culpa he tenido.
El cielo me castiga en regalarme,
Mejor el encendido
fuego debiera, ¡ay, mísero!, abrasarme
que a mi rosario santo.
Mas yo le apagaré con este llanto.
Pues, Virgen, revestida
del Sol que os hizo nueve meses
aurora esclarecida,
que las rosas, olivas y cipreses
os dieron atributos,
y Vos con mil virtudes atributos
sea yo perdonado;
de vuestro Hijo su piedad me toque.
Quiero, pues he llorado,
ensartar desde rústico alcornoque,
pues sus cuentas me ofrece,
otro que mil en penitencias rece.

(Aparécese el Ángel con el rosario de Antonio.)

Ángel   ¿Pedro Germán?

Pedro Germán   ¡Ay, cielo!

Ángel   Toma aqueste rosario, que te envía,
                   para mayor consuelo,
                   la Reina de los ángeles, María.

(Cúbrese.)

Pedro Germán   ¿Quién eres, visión santa?
                        Mas ya veloz al cielo se levanta.
                        Contento voy ahora.
                        ¡Oh, siempre Virgen, Madre soberana!
                        ¡Oh, piadosa Señora!
                        ¡Oh, hija ilustre de Joaquín y Ana!
                        ¿Tanto favor, bien tanto?
                        ¡Bendito el fruto dese vientre santo!
                        A vuestra imagen bella,
                        que en pobre altar entre estas peñas guardan
                        quiero, divina estrella,
                        pues ya las rosas que me dais aguardan,
                        ir, pues es tan suave,
                        a deciros con él mil veces «¡Ave!»

(Vase. Salen el Rey, Archima Amet Sultán y Rosa y a su lado. Antonio, de moro, muy galán.)

Rey   De esta suerte, Antonio, estás
                        cual merece tu persona.
                        Así vas a la mezquita,
                        por que reniegues ahora
                        de tu ley, bautismo y fe,
                        que toda Túnez se goza
                        a que un papa como tú
                        siga la ley de Mahoma.
                        Esta noche haremos fiesta
                        y gozarás de tu esposa,
                        y yo te pondré después
                        en tan alto estado y honra,
                        que te envidie toda Italia.

Antonio	Para mí, gran señor, sobra que me des a tu sobrina.
Rey	Yo amaba en extremo a Rosa, pero después que Marcela por verte ya moro es mora, gusto de emplearla en ti,
Rosa	Y yo, señor, soy dichosa.
Rey	¿Cómo te quieres llamar?
Antonio	Sultán desde hoy me nombran.
Rey	Moros, abrazalde todos.

(Vanle abrazando con música. Suena Cosme dentro.)

Cosme	Si el cielo rayos me arroja, querrá en el mayor peligro mostrar más misericordia. ¡Dejadme pasar, infames!
Rey	¿Quién es este que alborota nuestra común alegría?

(Sale Cosme.)

Cosme	¡Fray Antonio!
Antonio	Cosme, ¿ignoras que ya me llamo Sultán?

| Cosme | ¡Maldiga el cielo la boca |
| | que tal ha dicho! ¡Jesús! |

(Santíguase.)

| Antonio | ¿Conjúrasme? ¿Qué te asombras? |

Cosme	¿No me tengo de asombrar
	de ver, traidor, que deshonras
	el hábito soberano
	de Domingo?

| Antonio | ¿De eso lloras? |

Cosme	Lloro y rabio juntamente.
	¿Tú moro, Antonio? ¿Tú bodas?
	¿Tú Sultán? ¿Tú almaizares?
	¡Honroso apellido tomas!
	¿Qué has hecho la fe, enemigo,
	que profesaste? ¿Las rosas
	de nuestra Virgen y Madre
	las marchitas y deshojas?
	¿Tú casado? ¿Tú mujer?
	¿Cómo no riñes ahora
	como no he rezado? ¡Perro,
	vil, hipócrita! ¿Tú osas
	siendo fraile? Mas ¿qué mucho,
	si a Dios dejas y te tornas
	moro? El casarte es lo menos.

Antonio	Cosme, que te apasionas.
	Vuélvete moro, que el rey
	estimará tu persona
	y te casará.

Rey   Sí haré.

Cosme   ¡Hay infamia más notoria!
¿Adónde está la doctrina
que predicabas ha un hora
animando a los cautivos
con fingida vanagloria?
Pero, traidor, ¡vive el ciclo!,
que, si fuera de la tropa,
puedo cogerte a las manos,
que has de gozar poco a Rosa.

Rey   ¡Prendedle, matadle, moros!

Cosme   Primero mi sangre toda
habéis de comprar, villanos;
y por que os salga costosa,
la vendo con esta espada.

(Saca a un moro la espada de la cinta.)

Antonio   ¡Muera el traidor!

Cosme   ¿Ya blasonas?
Arrímate a mí, cobarde;
verás si medroso tornas,
volviendo al temor la cara.

Archima   ¿Que esto sufre tu corona?

Rey   ¡Ah de mi guarda! ¡Matadle!

Antonio   Dame licencia, señora.

Rosa	No te he de soltar, Sultán.
Cosme	Pasito, Antonio, que llora esa imagen que idolatras, y no es bien dejarla sola. No esperes mi compañía, que cuando judas se ahorca no lleva apóstol Santiago; y si tú tomas la posta presto para ir al infierno, yo pienso entrar en la gloria, al santo rosario asido de aquella Virgen hermosa. Esto me enseñaste tú; pues al infierno te arrojas, hinche de fuego el caldero, que no has de llevar la soga. Cosme el motilón soy, moros. Si alguno a su cargo toma esta injuria, sígame, que aquí le espero.

(Vase.)

Rey	¿Hay tal cosa? ¡Prendedle, asidle!
Antonio	Señor, déjale que pase agora aquel ímpetu primero.
Rey	Déjenle por ti.

Antonio	Señora, dadme aquesa hermosa mano.
Rosa	Y el alma en ella.
Antonio	¿Hay más gloria?
Rosa	Yo haré matar al esclavo si por ventura os enoja.
Rey	Vamos a donde reniegues.
Antonio	¡Qué rosas dejo por Rosa!

Fin de la segunda jornada

Jornada tercera

(Sale Cosme, solo.)

Cosme   ¡Que haya renegado Antonio
de Cristo y su ley sagrada!
El alma tengo turbada.
¡Oh, cuánto sabe el demonio!
Como es viejo, sabe tanto,
De sus embustes reniego.
¡Que le haya ganado el juego
a un hombre tan docto y santo!
Cómo no hay que hacer caudal,
como San Pablo refiere,
mientras un hombre viviere
en esta carne mortal.
Bravamente le reñí
y encolericéme tanto,
que de los moros me espanto
cómo con vida salí.
Pero sienten dar la muerte
estos perros a un cautivo
y por su avaricia vivo.

(Sale Lucifer en hábito de cautivo.)

Lucifer   (Muy bien vengo de esta suerte.
Hoy con aquesta invención
probar quiero en la conquista,
pues ya vencí al canonista
si venzo a este motilón.
Temo que sus persuasiones
a Antonio me han de volver.
Suelen echarme a perder

estos frailes motilones;
que, como no son letrados,
lo que una vez aperciben
no hay pensar que los derriben,
creen bien a ojos cerrados.)
¿Fray Cosme?

Cosme   ¿Quién me ha llamado?

Lucifer   Un cautivo miserable,
               si le permite que hable
               su mala suerte y estado.

Cosme   La suerte no es sino buena,
               que, al fin, es orden de Dios.
               Cautivo estoy como vos,
               también padezco esa pena,
               y algo más.

Lucifer   ¿Más que yo?

Cosme   Sí,
               y algo más paso que vos.

Lucifer   ¿Más que yo? ¡Pluguiera a Dios!
               ¡No puede ser!

Cosme   ¿Cómo así?

Lucifer   Porque este mi cautiverio
               es eterno.

Cosme   Pues ¿por qué?

Lucifer	Ese porqué yo lo sé;
	no carece de misterio.
	Es el calor que hay en mí
	tan grande, que no hay rescate
	cuando de aqueso se trate
	que pueda igualarme.
Cosme	¿Sí?
	¿Qué hombre tan calificado
	sois?
Lucifer	Y mi palabra empeño
	que de un imperio soy dueño,
	de donde fui desterrado.
	Y pues no se ha de acabar
	vida con tanto rigor,
	pienso que será mejor,
	Cosme amigo, renegar.
Cosme	¿Qué?
Lucifer	Renegar del bautismo,
	trocando azotes y palos
	en contentos y regalos.
Cosme	Emperador del abismo
	me parecéis.
Lucifer	Testimonio
	nos dan de aquesta verdad
	Antonio y su santidad.
Cosme	(Sin duda éste es el demonio,
	que, como a Antonio ha engañado,

a mí procura engañarme.
Pues él viene a trasquilarme
y ha de volver trasquilado.
¡Ah si le pudiese echar
el rosario al cuello!)

Lucifer   (¡Quién
supiese hacerlo tan bien
que a éste pudiese engañar!)

Cosme   (¡Si yo el rosario le echase,
qué linda fiesta ha de haber!)

Lucifer   (El infierno se ha de arder
si al motilón engañase.)

(Va Cosme sacando rosario a escondidas y vase arrimando hacia el demonio;
el demonio, desviándose y mirándole de medio ojo.)

Cosme   En efecto que será
el renegar acertado.

Lucifer   ¡Pues no! Si a ser respetado
llegase un hombre.

Cosme   Sí hará.
(No sé por dó está metido.
Este enredador habrá
andado en esto.)

Lucifer   Si ya
Antonio está convencido
de que es la ley africana
la mejor, ¿qué hay que esperar,

Cosme, sino renegar?

Cosme   Sí, amigo, de buena gana;
pero querría saber...
(¡Jesús! ¿En qué estás asido?)

Lucifer   (Si acaso me ha conocido.)

Cosme   (Más que lo ha de echar de ver
y he de perder la ocasión.
¡Gracias a Dios! ¡Ya salió!)

(Huye el Demonio.)

Lucifer   ¡Que el rosario me cegó!

Cosme   ¡Ah, tiñoso!

Cosme   ¡Ah, motilón!

Lucifer   ¡Pies de gallo!

Lucifer   ¡Ignorantazo!
El rosario lo engrandece.

Cosme   (Aguarda, si te parece,
zorrazo vicio, gatazo.)

(Da tras él con la pretina y ahora huye.)

Tiene razón de decir
que soy un necio ignorante.
¡Que le tuviese delante
y no le supiese asir!

Entendió el perrazo el juego
y echóse luego a partido.
¡Ah, Dios; quién le hubiera asido!
Dos mil azotes le pego.
¡Que no supiese gozar
de tan dichosa ocasión!
Soy un asno en conclusión;
bien puedo echarme a rodar.
Antonio me da cuidado,
que a Cristo y su Madre ha sido
ingrato y desconocido.
Voy a ver en qué ha parado,
que, aunque ya tiene perdida
la gracia, yo he de trazar
cómo la vuelva a cobrar
o me ha de costar la vida.

(Vase. Salen el rey de Túnez y fray Antonio de moro, Sultán y Celimo.)

Rey   Tengo tan grande deseo,
Sultán, de ver aumentada
esta ley que, adoro y creo,
que no solo por la espada
que por conservarla empleo,
mas por las letras querría.
Tú, pues nuestra lengua sabes
y sabes la intención mía,
que solo de hombres tan graves
trasladar la ley se fía,
en tu lengua italiana
copiarás nuestro Alcorán,
que muchos que la africana
ley tan gustosa verán
dejarán su ley cristiana.

Cuatro meses ha que estás
en servicio de Mahoma;
pero ninguno le harás
como éste, si sabe Roma
que tu aprobación la das.
Fuera de que calificas
lo escrito, obligas a Alá
a satisfacciones ricas,
pues tan obligado está
de que su ley testificas.

Antonio   Señor, el rey Tolomeo
quiso la ley de Moisén
copiar del idioma hebreo,
y envió a Jerusalén
para cumplir su deseo
por hombres sabios y graves.
Setenta fueron, y a todos
cerró de por sí; las llaves
guardó por ver si en los modos
que éstos suelen, como sabes,
defraudar una sentencia,
convenían en hacer
uno de otro diferencia.
Pero aquí no es menester
tan costosa diligencia.
Manda que luego me den
el Alcorán y verás
si yo lo traduzco bien.

Rey   Por los setenta valdrás,
Sultán, tú solo también.
¿Traéis mi Alcorán ahí?

Celimo	Sí, señor.
Rey	Pues mientras voy a caza, lo pasa así.
Antonio	Tú verás, señor, que soy fiel a nuestra ley y a ti.
Rey	Para la vuelta, Sultán, copia; el principio he de ver. Guárdete Alá.

(Vase.)

Antonio	¿Qué dirán los que me vieren poner en mi boca el Alcorán? Pero ya saben que soy moro y que casado estoy, ¿qué importa que sepan esto? ¡Hola, Celín!
Celimo	¡Señor!
Antonio	Presto, mesa y recado.
Celimo	Ya voy.

(Va por ello.)

Antonio	Trasladé algunas historias de los reyes africanos, sus batallas, sus memorias,

por que entiendan los cristianos
que no merecen la gloria.
Y del gusto que ha tenido
el rey de ver traducido
el origen de estos reyes,
quiere que copie sus leyes.

(Sale Celimo con el recado de escribir y pónelo encima de un bufete.)

Celimo   Tinta y papel he traído.

Antonio   Salte afuera, y si criado
                    o amigo me entrara a ver,
                    dile que estoy ocupado,
                    quiero primero leer
                    para ver lo que traslado.

(Pónese a leer, y con música descubren a santo Domingo con el perro y la
hacha, como le pintan, y el azucena en la mano, y san Antonino de rodillas
ante el santo.)

San Antonino   Santísimo patriarca
                    y fundador soberano
                    de nuestra gran Religión,
                    padre de infinitos santos,
                    arquimandrita divino,
                    perro insigne negro y blanco,
                    que con el hacha en la boca
                    abrasarás los contrarios
                    de la Iglesia y fe de Cristo;
                    pues los lobos, en mirando
                    vuestra carlanca de oro,
                    llena de diamantes claros
                    de virtudes y excelencias,

103

huyeron de ver sus rayos,
que la medalla del cuello,
estando en medio adornando,
donde la Reina del cielo
con atributos tan altos,
como estrellas de Jacob,
cercaba el Sol con sus rayos.
Guzmán divino, español,
de quien tendrán reyes tantos
su ascendencia, que ya miro
pasar de Filipo cuarto.
Domingo ilustre, a quien Dios,
por mil días de trabajos,
hizo Domingo en el cielo,
que los ángeles guardaron;
yo di el hábito en Florencia
a un mancebo saboyano
casi de mi propio nombre,
siendo prior de San Marcos.
Dile el rosario también,
que fue el soberano lazo,
que a vuestra casa le truje
como a novillo domado.
Pasando a Sicilia Antonio,
los moros le cautivaron,
donde, habiendo resistido
hambres, cadenas y palos,
pudieron los tiernos ojos,
pudieron las blancas manos,
los deleites, los amores
de una mora hacer de suerte
que, ya de Dios olvidado,
dejó su ley. ¡Gran dolor
para todo el orden sacro

de vuestro santo distrito,
pues, renegado y casado,
vive en Túnez, en su lengua
el Alcorán trasladando.
Padre santísimo, a quien
dio la Virgen el rosario
contra los fieros herejes
y Ella os enseñó a rezarlo,
dividiéndole en tres partes,
por quince misterios santos,
no permitáis que se pierda
a quien le dio vuestra mano.

Santo Domingo   Arzobispo de Florencia,
hijo Antonino; si el daño
de Antonio te duele a ti,
porque tú le diste el hábito,
no menos a mí, que soy
a quien la Virgen dio el cargo
de cultivar estas rosas
de su huerto sacrosanto.
yo le pediré que pida
a su Hijo este milagro
de su rosario divino.

San Antonino   Si sus ojos soberanos
pone la Virgen en él,
hoy triunfará su rosario.

(Cúbrese la apariencia, y Antonio, que ha estado leyendo, diga admirado:)

Antonio   ¿Puede ser más notables desatinos?
¿Es posible que tal estimo y precio?
¿Hanse escrito más bárbaros caminos?

O este Mahoma fue en extremo necio,
que, como vio que a necios persuadía,
con sus cautelas quiso hacer desprecio.
Cuanto es la bestia describir porfía;
son deleites y engaños atractivos;
toda virtud, toda razón desvía.
Lascivia y gula, que mostró excesivos,
son polos de su ley, y ésta promete
el ignorante a muertos como a vivos.
Pedazos de la ley cristiana mete,
mal entendidos, el blasfemo. ¡Oh, cosa
digna de que un demonio la interprete!
¡Oh, qué linda, económica y famosa
presunción de un loco disparate,
fundada en necedad tan fabulosa!
Ya de hoy más Aristóteles no trate
la suya, ni a moral filosofía
Platón la lengua aurífera desate.
¡Qué loco estaba yo, Virgen María,
cuando dejé vuestro rosario santo
por una vil y, deshonesta arpía!
Pues de haberle dejado pudo tanto
el demonio engañoso, que soy suyo,
habiéndome cubierto vuestro manto.
¡Oh vil, falso Profeta! El libro tuyo

(Arroja
el libro y písale.) queme llama del cielo, pues quien eres
de tus escritos bárbaros arguyo.
¡Oh, tú, siempre entre todas las mujeres
bendita, ayuda aquí, dame tu mano,
que a ti me volveré si tú me quieres!
Favor, Domingo, padre soberano.

(Echase de pechos llorando sobre el bufete y salen por un lado Lucifer y por otro el Auxilio Divino.)

Lucifer	¿A quién pides favor? ¿Tienes vergüenza?
	Pues, perro, no hay piedad, lloras en vano.
Auxilio	¡Mientes, villano!, que el dolor comienza,
	y si prosigue y el llorar porfía,
	no dudes tú que la batalla venza.
Lucifer	¿Tan presto, Auxilio santo? ¿Quién te envía?
Auxilio	Quien me puede enviar, Dios, por los ruegos
	de la Princesa celestial María.
Lucifer	Después de mil perjuros y reniegos
	de Ella y su Hijo y de sus santos nombres,
	¿vienes a abrirle tú los ojos ciegos?
Auxilio	Ángel de las tinieblas, no te asombres,
	que Dios no tiene en iras ni en venganzas
	la condición y, estilo de los hombres.
	Antonio, llora, que llorando alcanzas
	cuanto pidas a Dios.
Antonio	Señor, ya lloro.
Lucifer	¿A un perdido enriqueces de esperanzas?
Auxilio	Mal sabes tú lo que las rosas de oro
	alcanzan de María y de Dios ella.
Lucifer	En éste no, que ya no es fraile; es moro.
	Y esa divina y celestial Doncella
	favorezca cristianos con sus rosas;
	pero no a quien sus rosas atropella.

Que si son en sus ojos tan hermosas,
por otra Rosa vil las ha dejado.

Auxilio   A recibirle fueron poderosas.
            Dios te manda dejarle.

Lucifer   Su mandado
            obedezco; mas voy a hacer de suerte
            que tiemble el cielo de mi brazo airado.

(Vase.)

Auxilio   Antonio, a Dios tus lágrimas convierte.

Antonio   ¿Osaré, Auxilio santo, alzar la cara?

Auxilio   Alzala, que, pues lloras, quiere verte.

Antonio   ¿Perdonaráme Dios?

Auxilio   ¿No es cosa clara,
            si lo vas suspirando con tu llanto?...

Antonio   Negué su nombre; fui traidor.

Auxilio   Repara
            que Pedro le negó; pero fue tanto
            el llanto suyo, que hoy es fundamento
            y de su Iglesia sustituto santo.

Antonio   Ya os oigo, aunque no os veo; mas si intento
            decir que soy cristiano a este rey moro,
            ¿qué me sucederá?

Auxilio   Breve tormento
              y gloria eterna.

Antonio   Pues la muerte adoro,
              aunque es terrible trance.

Auxilio   ¿Atrás te vuelves
              ¿Cómo no miras las coronas de oro
              de tantos frailes santos y resuelves
              que ellos sin culpa han muerto y tú culpado?

Antonio   ¿Qué, tantos hijos de Domingo entraron
              por su sangre en el cielo?

Auxilio   Los que espera
              el claustro de Madrid, oye.

Antonio   ¿Ganaron
              fuego y sangre la inmortal bandera?

Auxilio   Después de adornar las puertas
              así yo del templo santo
              de entorchados jeroglíficos,
              de la fe símbolos sacros,
              corresponderánse enfrente
              de otras dos puertas dos cuadros
              que no fueron de por sí,
              por ser dos mártires santos.
              Luego, por orden, comienzan,
              en soberanos retratos,
              los dominicos atletas
              y sangrientos espectáculos
              palmas en las manos todos,
              todos al cuello rosarios,

que las rosas hay quien diga
que de sangre se engendraron.
San Pedro, mártir, que hizo,
para corona del labio,
del cuchillo la diadema
y de su filo los rayos.
El primer inquisidor
y protomártir Conrado,
fray Nicolás, que en Hungría
los herejes degollaron
siendo su obispo, con cinco
frailes, y fray Berengario,
arzobispo de Cracovia,
de una lanza atravesado;
fray Pagano, y luego tú,
que vienes bien con Pagano.
Mira si el lugar aceptas.

Antonio   Sí, Señor, bañado en llanto.

Auxilio   Fray Felipe, hijo del rey
de Ceba, mártir a palos,
y con fray Andrés Pelisco
a los leones echado.
Mas para animarte más
con sus divinos retratos,
mira la Virgen de Atocha
y los mártires del claustro.

(Suena música y descúbrese la Virgen de Atocha, y a las dos, los mártires que aquí van referidos, cada uno con su martirio, como van dichos, y se advierta que en esta apariencia consiste la fuerza de la comedia, o sea en un árbol formado con seis nichos, la Virgen en medio.)

Antonio	Serenísima María, que la Luna estáis pisando, aunque con el alma os miro a la luz de vuestros rayos, haced de los muchos vuestros, por vuestro santo rosario, este milagro conmigo, pues Dios por vos obra tantos. Antonio soy, si merezco llamarme nombre cristiano habiéndoos a vos y a Dios por el demonio trocado. No soy Sultán, Virgen pura.
Auxilio	Gente suena. Allá te aguardo; no vuelvas atrás, Antonio.
Antonio	Ayudadme, Auxilio santo.

(Cúbrese la apariencia. Quédase Antonio solo. Sale fray Cosme.)

Cosme	A pesar de cien morillos, hasta esta sala he llegado, donde dicen que está Antonio el Alcorán trasladando. Y pues el rey no está aquí, por el hábito sagrado de mi padre que lo escrito tengo de hacer mil pedazos.
Antonio	¡Misericordia, Dios mío!
Cosme	¡Ay, fray Sultán, renegado! Solos estamos agora.

Antonio	¡Ay, Virgen! ¿Quién me ha llamado! el nombre que yo aborrezco? ¡Cosme amigo! ¡Cosme hermana!
Cosme	¿Mi hermano vos? De Mahoma lo ser, que yo no me pago de hermanos que son infames.
Antonio	Cosme, dame aquestos brazos; mal dije, dame esos pies, quiero mil veces besarlos,

(Echase a sus pies y huye fray Cosme.)

por católicos, por fuertes,
por buenos, cuerdos y santos.
No me los niegue, no huya.

Cosme	Eres tentación del diablo. ¿Estás sin seso, Sultán? ¿Esa media habréis sacado de vuestro renegamiento?
Antonio	Yo soy el vil renegado que, engañado del demonio por un antojo liviano, negué a mi Dios y su Madre y a su divino rosario. Mas ya, hermano Cosme, vuelvo, conociendo mi pecado, como pródigo segundo, a sus paternales brazos. Hermano, ayúdame tú;

ruega por mí.

Cosme   ¡Cielo santo!
¿Hablas de veras?

Antonio   Sí, amigo;
hermano, de veras hablo.
¡Misericordia, Dios mío!

Cosme   ¡Virgen pura del Rosario,
vuestras hazañas son éstas!
Pues alto, mi padre amado,
diga como yo dijere
a voz alta.

(Va Cosme diciendo, y Antonio en voz alta lo repite.)

                        Sepan cuantos
en Túnez, Fez y Marruecos
ha sido patente y llano
que renegó fray Antonio
del Orden dominicano,
que le engañó Satanás,
como hombre débil y flaco.
Pero ya que ha conocido
los embustes, los engaños
del Alcorán de Mahoma,
profeta falso y borracho,
embustero y codicioso,
corrido y desengañado
de haber seguido su ley,
aunque tan pequeño espacio,
la deja por mentirosa,
mala y de malos resabios,

señuelo para el infierno
y cebo de condenados.
Por tanto, reniega della
y de su dueño falsario;
confiesa la ley de Cristo
y sus estatutos santos,
que Cristo es Dios verdadero
y redentor soberano.
Confiesa en Dios tres Personas
distintas por soberano
misterio y un solo Dios
poderoso, bueno y sabio;
que Jesucristo es Dios hombre,
que en el vientre sacrosanto
de Santa María, su madre,
por el Espíritu Santo
fue concebida y nació,
su virginidad quedando
sin corrupción, limpia y pura
antes y después del parto.
Que, en cuanto hombre, padeció
y fue muerto y sepultado;
resucitó el día tercero;
subió al cielo; está sentado
a la diestra de su Padre;
desde do vendrá juzgando
en el postrimero día
a los buenos y a los malos,
para dar premio y castigo,
conforme hubieren obrado
los hombres en esta vida.
Y confiesa todo cuanto
la santa Iglesia Romana
ha dispuesto y ordenado

y ordenará hasta morir
en su protección y amparo.
Esto es lo justo y lo bueno,
lo católico y lo santo,
y quien dijere otra cosa
mentirá como bellaco.

(Hasta aquí ha ido repitiendo.)

Antonio   Así, mi Dios, lo confieso.

Cosme   Agora, deme esos brazos,
                 y vamos por esas calles,
                 hechos locos, publicando
                 a voces la ley de Cristo.

Antonio   ¡Vamos, Cosme!

Cosme   ¡Vamos!

Antonio   ¡Vamos!

(Vanse diciendo a voces: «¡Viva Cristo! ¡Viva Cristo!» Sal Beceba con lanza y
adarga.)

Beceba   Montes de Túnez, cubiertos
                 de fieras y de leones,
                 testigos de mis razones,
                 aunque a mis voces desiertos;
                 mar contrario, en cuyos puertos
                 fue mi esperanza perdida,
                 en esto acaba su vida
                 quien pone su fe y amor
                 en un ingrato señor

y en una mujer fingida.
Ciudad, yo fui alcaide en ti;
ya soy alarbe en el campo,
los pies en la arena estampo
que en ricos palacios vi.
Desterrado vivo aquí
de mi rey y de mi dama,
¡Dichoso campo el que os ama
sin que otro interés le obligue,
que nunca la envidia sigue
a los que viven sin fama!

(Voces dentro. Sale el Rey peleando con un león.)

Rey   Cobarde soy. ¡Por Alá!
                      ¿Ninguno me da favor?

Beceba   Este es el rey que mi amor
                      tan mal pagándome está.
                      El león le rinde ya;
                      su gente llega. Yo quiero
                      hacer como caballero,
                      que al rey, aunque ingrato sea,
                      cuando en peligro se vea,
                      le he de acudir el primero.
                      Bestia cruel, vente a mí,
                      deja al famoso Almanzor.

Rey   ¿Quién eres?

Beceba   Yo soy, señor.

Rey   ¿Es Beceba?

Beceba   Señor, sí.

(Da Beceba tras el león y sale luego, déjale muerto.)

Rey   Siempre de ti presumí
                       este valor. ¡Oh, buen moro!
                       Por el santo Alá que adoro
                       que el reino tengo de darte;
                       mas para poder pagarte
                       no tiene el mundo tesoro.
                       Voluntades mal pagadas,
                       servicios mal conocidos,
                       en vasallos bien nacidos
                       no hacen las quejas espadas.

(Ahora sale Beceba.)

Beceba   De dos sangrientas lanzadas,
                       el león, atravesado,
                       tiñe en sangre el verde prado.

Rey   Y yo, a tus brazos rendido,
                       perdón, Beceba, te pido
                       de todo el desdén pasado.

Beceba   Cuando en peligro te hallo,
                       acudo a mi obligación.

Rey   La falta del galardón
                       prueba la fe del vasallo.

(Salen Archima Amet y Celimo con albardas.)

Archima   ¿Muerto decís?

Celimo	El caballo, por lo menos, muerto queda en esta verde arboleda. El rey es éste.
Todos	¡Señor!
Rey	No a mí, sino al vencedor, para que pagarle pueda. Beceba es rey, pues por él tenéis rey: mató al león.
Archima	Hechos de su mano son, que es su lealtad tan fiel.
Rey	Volveré a Túnez con él y, llevándole a mi lado, entrará conmigo honrado. Fiesta y máscaras haced. Parte a Túnez, Maamet, refiere lo que ha pasado. Salgan, reciban así al Beceba como a rey.
Archima	Voy, porque tu gusto es ley.
Rey	Y él lo merece por sí. Que vivo por él les di.
Beceba	¡Tantas honras, Almanzor!
Rey	Hoy conocerás mi amor; que quien, pagado tan mal,

fue tan hidalgo y leal,
es señor de su señor.

(Vanse. Salen Antonio, medio desnudo, y Rosa, asida de él.)

Rosa   ¿Dónde vas de esa manera?
                Tente, mi bien, ¿dónde vas?

Antonio   Rosa, no me tengo más.
                Suelta, Rosa.

Rosa   Escucha, espera;
                mira que soy tu mujer,
                cuando no por ser quien soy.

Antonio   Por lo mismo huyendo voy.
                Por ti he perdido mi ser;
                por ti no soy. Ya los dos
                no hemos de hablar de ese nombre.
                Hoy vuelvo a ser, porque el hombre,
                ¿cómo puede ser sin Dios?

Rosa   Algo, mi vida, te ha dado
                alguna envidiosa mora
                de mi ventura.

Antonio   Señora,
                no es mora quien me ha tocado,
                aunque me enamoró a mí
                su belleza soberana,
                sino la mayor cristiana,
                pues que tuvo a Cristo en sí.

Rosa   ¿A Cristo nombras? ¿Qué es esto?

Antonio	Pues ¿no quieres que le nombre,
	si por remedio del hombre
	está de esta suerte puesto?
(Saca un Cristo.)	¡Ay, Rosa, míralo aquí!
Rosa	¿Loco te has vuelto?
Antonio	Antes cuerdo,
	pues hallo aquí lo que pierdo
	por mi locura y por ti.
	¡Halle yo, Padre divino,
	en este costado abierto
	sagrado acogida y puerto
	del mar de mi desatino!
	¡Haced, santas venas frías,
	que aquéstas por vos desangre
	las tristes lágrimas mías!
	Pues que vos, rey celestial,
	sois piedra, imprímanse en vos,
	que si sois piedra, mi Dios,
	en piedra hacen señal.
Rosa	Siempre temí tu mudanza.
Antonio	¡Malhaya el hombre traidor
	que fuera de vos, Señor,
	pone jamás su esperanza!
	Mi confianza mortal,
	que es viento, en nada la fundo,
	siempre la puse en el mundo
	y en vos nunca, por mi mal.
	Pero yo juro, Señor,
	de pagarlo con la vida,

a vuestra sangre ofrecida,
a quien debo tanto amor.
Quédate, Rosa, y el ciclo
se duela de ti.

Rosa   ¡Ah, mi bien!

Antonio   Ya no hay bien, Rosa, sin quien
murió para bien del suelo.
Voy a morir.

(Vase.)

Rosa   ¡Ah, señor,
mira que te adoro! ¡Fuese!
¿Que este fin mi amor tuviese?
¡Oh, qué mal puse mi amor!

(Sale Lucifer.)

Lucifer   (Deseaba entrar aquí
y nunca he podido entrar,
que éste se ha sabido armar
bravamente contra mí.
¡Oh, qué espada de dos filos
tomó el traidor en la mano.)

Rosa   ¡Que se haya vuelto cristiano!
Mas son comunes estilos
de estos renegados perros.
Al rey haré que le mate.

Lucifer   Con regalo es bien se trate.
Póngale primero en hierros.

Rosa	Mejor será por amor.
Lucifer	Regálale; ve tras él.
Rosa	Lágrimas podrán con él lo que no pudo el rigor. Voy a seguirle.

(Vase.)

Lucifer
                           Reniego
de mí mismo, pues María
Dudo dar luz este día
al alma de un hombre ciego.
¡Domingo, mucho supiste;
a buen árbol te arrimaste!
¡Qué bien sus rosas fundaste
¡Qué hermoso huerto escogiste!
¿Quién me ha encontrado contigo,
perro labrador de herejes?
Mas yo haré que esta vez dejes
la prenda que ha de ir conmigo.
En tu dorada carlanca
no hay tocar; mas quiero ver
si te pudiese morder
algo de esa fimbria blanca.

(Entran el Rey, Beceba, Archima Amet y Celimo.)

Beceba	¡Qué alegre y regocijada Túnez, señor, te recibe!
Rey	¡Moros: por Beceba vive

vuestro rey!

Archima   ¡Famosa entrada!

(Salen los músicos con un baile morisco, con máscaras.)

Músicos   Gardamos, Alá, Muley,
                 que gardar al rey, que garda
                 al rey, que un león tener
                 para hacer mochos pedazos,
                 quitarmo ley desas brazos
                 y él vida por él poner.
                 Túnez, tenelde placer
                 por vasallo de bon ley,
                 Mahoma, gardar Muley,
                 gardar al rey, gardar al rey.

(Vanse los músicos. Sale Antonio de fraile con su corona.)

Antonio   Los que me vistes por deleite vano
                 negar la fe de Cristo que profeso
                 y, habiéndole primero dado el beso,
                 venderle como bárbaro villano.
                 Los que dejastes el valor cristiano
                 por el ejemplo de mi loco exceso,
                 mirad que ya le adoro y le confieso,
                 trayéndole en el alma y en la mano.
                 No soy Sultán; Antonio, sí; ninguno
                 crea que creo al bárbaro Profeta,
                 porque se engañará si piensa alguno.
                 La ley de Cristo adoro; vuestra seta
                 maldigo. Cristo es Dios, que es trino y uno.
                 Mi sangre está ya a vuestros pies sujeta.

(De rodillas.)

Rey
                       ¡Por Alá, que de cuantas invenciones
en mi entrada se han hecho no hay ninguna,
Sultán, que con la tuya se compare!
¡Qué bien de los cristianos se ha burlado!
Beceba, ¿no es muy digno de un gran premio?

Beceba
                       ¡Qué máscara! ¡Qué fiesta más discreta!
¡Qué bien ha castigado a los cristianos!
¡Qué bien sus desatinos me presenta!

Antonio
                       No son máscara, rey; antes es esto
quitarme ya la máscara del rostro.
Yo creo en Jesucristo, Cristo vivo.
Cristo es Dios.

Rey
                                     ¿Cómo es esto? Espera un poco.
Sultán, ¿hablas de veras o estás loco?

Antonio
                       No soy Sultán, Antonio soy; ya vuelvo
a los palacios de mi Padre, a donde
me ha vestido del hábito primero
para sentarme a su gloriosa Mesa.
Pródigo fui de sus tesoros ricos;
guardé negro ganado de deleites;
roto volví, mas ya me dio sus brazos,
a trueco de mil lágrimas, y puso
en mi cuello la estola de su gracia.

Rey
                       Antonio, mira bien lo que aventuras.

Antonio
                       ¿Qué ventura mayor que con mi sangre
confirmar las verdades que confieso?

Rey	No hay fiesta sin azar, que todas tienen por fin guardado algún desabrimiento.
Beceba	¡Ah rey! ¿Está mejor Rosa empleada en un cristiano vil?
Rey	Llevadle presto, y dentro de tres días, si no dice que a Mahoma confiesa, dadle muerte.
Antonio	De aquí a tres días, rey, de aquí a tres años, de aquí a tres mil, diré lo mismo.
Rey	¡Oh perro! Llevadle al campo luego, apedreadle y quemaréis su cuerpo.
Antonio	¡Virgen pura, cumplióse mi deseo! Mi remedio debo a vuestro santísimo rosario. ¡Oh santa devoción! En vos espero que no se perderá quien la tuviere.

(Llévanle.)

Rey	Arrepentido estoy, ¡por Alá santo!, de haber honrado a este cristiano perro. Vuélvase, moros, el contento en llanto.
Beceba	¡Por éste me pusiste en tal destierro!
Rey	Famoso alcalde, pues te debo tanto y he conocido mi notable yerro,

125

yo huelgo de que quede libre Rosa,
que, si hoy la quieres, hoy será tu esposa.
Sin esto haré que el Gran Señor confirme
mi sucesión en ti.

Beceba   Beso tus manos,
ioh generoso rey, columna firme
de todos los estados africanos!

Rey   Obligarme pudiste y persuadirme.
No haré más confianza de cristianos.
Vamos a ver a Rosa.

Beceba   Hoy quiera el cielo
lograr tus años y premiar mi celo.

(Vanse. Salen Marcela y un Mercader.)

Marcela   Antes de embarcarme quiero,
aunque pudiera en mi llanto,
pues que no soy conocida
con la mudanza del hábito.
ver, si pudiera, a mi Antonio.

Mercader   Si le están apedreando.
¿No ves que podrán volver
las piedras a los cristianos?

Marcela   iOjalá, amigo, que algunas,
despedidas de sus brazos,
me hiciesen tan venturosa!

(Sale Cosme.)

Cosme	¡Oh juicios soberanos, que guían nuestro remedio por tan diferentes casos!
Marcela	¿Viste a fray Antonio, amigo?
Cosme	Yo soy, Marcela, el que tanto abominó sus delitos; yo fui su mayor contrario, porque yo soy aquel lego que a su lado cautivaron, fray Cosme, y ya soy flama que su nombre alabo. Por la gran puerta de Túnez sacaron a Antonio al campo, coronada la cabeza y atadas atrás las manos. Las cosas que iba diciendo con la Virgen santa hablando, las ternezas que a su Hijo, los amores, los regalos, los perdones que pidió a los cautivos cristianos, ¿qué lengua habrá que lo diga, Al fin, al campo llegaron; hincó en tierra las rodillas. y allí, como Esteban santo. bordó de piedras preciosas, rubíes en sangre bañados, el hábito de Domingo, siempre a la Virgen llamando. Encienden un grande fuego, pero del cuerpo sagrado huye el fuego, que el de amor

127

resiste y le deja intacto.
Piedras en sangre teñidas
cogieron muchos cristianos
y se les volvieron rosas.
Mas ya tratan de enterrarlo,
que a los pies del crucifijo
de este templo fabricado
de genoveses en Túnez
mandó sepultarse el santo,
donde esperan que ha de hacer
Dios por él grandes milagros.
Pues ya llegamos al puerto,
el santo cuerpo veamos.

Marcela   La piedra que sangre tenga,
                 Antonio, mi padre amado,
                 será diamante en mi pecho.

Cosme   Este es el cuerpo sagrado.

(Corran una cortina y aparece Nuestra Señora del Rosario con manto azul; más abajo, a los lados, los frailes que puedan, dominicos, con rosarios al cuello, y alrededor de la Virgen, un rosario grande, con rosas por paternóster, y fray Antonio de rodillas, lleno de sangre, con un Cristo en la mano derecha y en la izquierda el rosario.)

                 ¡Con qué valor tiene a Cristo
                 Antonio en la diestra mano,
                 como bandera que sigue,
                 y en la siniestra, el rosario!

Marcela   Con estas armas, ¿quién duda,
                 ¡oh valeroso soldado!,
                 que conquistase los cielos?

Nuevo Esteban, si en el manto
de la Virgen ya te miras
como a soberano amparo,
ruega por mí.

Cosme   Y por todos.
(Cúbrese la apariencia.) Padre Antonio, Antonio santo.
Y aquí, senado, da fin
«La Devoción del Rosario».
San Antonino la escribe,
que de Florencia, en San Marcos,
dio el hábito a fray Antonio,
y así os lo ofrece Belardo.

Fin de la comedia

Libros a la carta

A la carta es un servicio especializado para
empresas,
librerías,
bibliotecas,
editoriales
y centros de enseñanza;
y permite confeccionar libros que, por su formato y concepción, sirven a los propósitos más específicos de estas instituciones.

Las empresas nos encargan ediciones personalizadas para marketing editorial o para regalos institucionales. Y los interesados solicitan, a título personal, ediciones antiguas, o no disponibles en el mercado; y las acompañan con notas y comentarios críticos.

Las ediciones tienen como apoyo un libro de estilo con todo tipo de referencias sobre los criterios de tratamiento tipográfico aplicados a nuestros libros que puede ser consultado en Linkgua-ediciones.com.

Linkgua edita por encargo diferentes versiones de una misma obra con distintos tratamientos ortotipográficos (actualizaciones de carácter divulgativo de un clásico, o versiones estrictamente fieles a la edición original de referencia). Este servicio de ediciones a la carta le permitirá, si usted se dedica a la enseñanza, tener una forma de hacer pública su interpretación de un texto y, sobre una versión digitalizada «base», usted podrá introducir interpretaciones del texto fuente. Es un tópico que los profesores denuncien en clase los desmanes de una edición, o vayan comentando errores de interpretación de un texto y esta es una solución útil a esa necesidad del mundo académico.

Asimismo publicamos de manera sistemática, en un mismo catálogo, tesis doctorales y actas de congresos académicos, que son distribuidas a través de nuestra Web.

El servicio de «libros a la carta» funciona de dos formas.

1. Tenemos un fondo de libros digitalizados que usted puede personalizar en tiradas de al menos cinco ejemplares. Estas personalizaciones pueden ser de todo tipo: añadir notas de clase para uso de un grupo de estudiantes, introducir logos corporativos para uso con fines de marketing empresarial, etc. etc.

2. Buscamos libros descatalogados de otras editoriales y los reeditamos en tiradas cortas a petición de un cliente.

www.ingramcontent.com/pod-product-compliance
Lightning Source LLC
Chambersburg PA
CBHW021930040426
42448CB00008B/1004